無肥料栽培は良いことばかり

林喜美雄
HAYASHI KIMIO

幻冬舎 MC

無肥料栽培は良いことばかり

はじめに

この本のテーマは、「柿の無肥料栽培は良いことばかり」であり、そのことは以下の3つである。

1　旨くて日もちの良い柿ができる。
2　地球温暖化への対策になっている。
3　肥料が高騰のおり、節約になる。

この本ではこの3つのことを中心に伝えたいと思う。そして、この本の構成は、以下のようになっている。

第一章では、柿の無肥料栽培までの道のり、柿の無肥料栽培の試行錯誤など、私の体験を書いた。第二章では、私の体験を踏まえて、栽培を科学的に考え、理論付けしてみた。さらに、第三章では、柿のルーツと栽培の将来について展望を探ってみた。

なお、無肥料栽培は、あくまで次善の策であり、最善の策ではないのだ。それでも、近い将来への明るい展望となっており、一度立ち止まって、将来を考える良い機会になることを願っている。

時系列による概略

年	年齢	出来事
昭和34	10才	父、柿栽培を始める
昭和44	20才	
昭和54	30才	
昭和59	35才	柿栽培引継ぎ
平成元	40才	県知事賞受賞

時系列による概略

年	年齢	出来事
平成6	45才	ガン手術
平成11	50才	柿栽培再開
平成16	55才	無肥料栽培開始
平成21	60才	
令和元	70才	
令和4	73才	
令和5	74才	無農薬栽培に挑戦

柿栽培中断（平成6〜平成11）

無肥料栽培（平成16〜令和5）

目次

第二章　省力化の柿栽培を科学する

第三章 「柿」のルーツと栽培の将来

第一章

「柿」栽培への新たな挑戦

1 ● 柿栽培の開始

親から柿栽培を引継ぐ

父親が突然入院したのは、昭和五十九年私が三十五才の時であった。腎臓の病気なので、体力を使う仕事は避けなければならない。十一月の初めで、これから収穫が忙しくなるという時である。収穫は、毎年手伝いをしていたので、特に問題はなかったのだが、そこから先は全くの素人であった。

私は元々植物が好きで、庭木等に興味を持ち始めたのはちょうどこの頃であった。だから、柿栽培を始めるちょうど良いタイミングであったかもしれない。普通であれば、毎月農協から送ってくるチラシに従って作業すれば済むことで、悩むことも、勉強することもなかった。しかし、柿栽培もおもしろそうな気がして、自己流でやることにした。

そこで、まず柿栽培の全体をつかむため、植物全体に関する本を読んで勉強することにした。植物の栄養吸収の本。病害虫の本。土壌中の微生物の本。肥料の本。そして、植物の生理に関する雑多な本。である。

さて、親から家業を引継ぐということは、長男としてごく普通のことである。しかし、地方公務員としての本業があるので、柿栽培は、当然片手間の仕事になるはずであった。そしてこの時、八・五反という柿畑は、家内と母親と私の三人では困難な面積であった。ただ、八・五反といっても、成木が三・五反で、残り五反は五年生の幼木であった。成木に換算すると五反くらいであろうか。それでも幼木は、だんだん生長するから、やがては不可能な面積になるはずである。

それで、省略することのできる作業は何かと検討したところ、草刈り、水やり、せん定枝の処理・落葉の処理が候補に上った。その結果、草刈りを年一回だけ実施するだけで、他の作業は、全部省略することで、当分の間乗り切ることにした。

ところで、勉強の結果であるが、最初に疑問を持ったのは肥料のことである。二月頃元肥《もとごえ》と称して、一年間に必要な量をほぼ全量施しているのが一般的である。あらかじめ、土壌に馴染ませておいて、必要な時に吸収してもらおうという作戦のようだ。

植物は、三月に入った頃、その年の新しい根を出す。私は、かつて、盆栽が趣味であった時期があり、三月の植え替えの時、褐色の根の先に白い新しい根が二〜三ミリメートル伸びているのを何度も見ている。また、小学生の時、真水の入った容器にヒヤシンスの球根のお尻を少し浸しておくと、根がいっぱい出てやがて花を咲かせるのを思い出した。つまり栄養分はない方が根は良く伸びるということだ。

これから根が伸びようとする時に肥料を与えるとは何という無謀なことなのだろうか。そう思ったのである。

又、窒素、リン酸、カリウムを高度化成という形で、あらかじめ配分された肥料を通常は使っている。例えば、窒素、リン酸、カリウムが12-8-10とか、10-10

-10とか、三成分を合計して三十以上になると高度という文字を使えてイメージが良いから無理に使っているのではないだろうか。事実かどうかわからないが、選択肢が制限されるのは良くない。

そこで、新年度、私にとっては初年度でもあるが、次の様に施肥計画を立てた。肥料の全体量は半分とし、元肥は廃止する。六月末の夏肥だけとし単肥で施した。リン酸の量を減らすには、あらかじめ配合された高度化成では無理であるからだ。リン酸は、光合成で作られた糖を運ぶ役割を担っており、ヤワ果の原因であると考えていたので、半分にして試してみたかったのだ。そしておそらく今後の栽培における最大のポイントになるであろうと感じていた。

せん定に関しては、出来上がった感じが自然に見えるように配慮した。枝は、主枝も亜主枝もそして側枝もできるだけ長く伸ばした。私は、木を触るのが大好きで、この時、既に多くの種類の庭木を入れていた。そして、できるだけ自然な庭を作るようにしていた。だから柿木も切り詰めたくはなかったのだ。

結果は、上々だった。収入も大幅に増え、大成功と言って良い。そして、この成

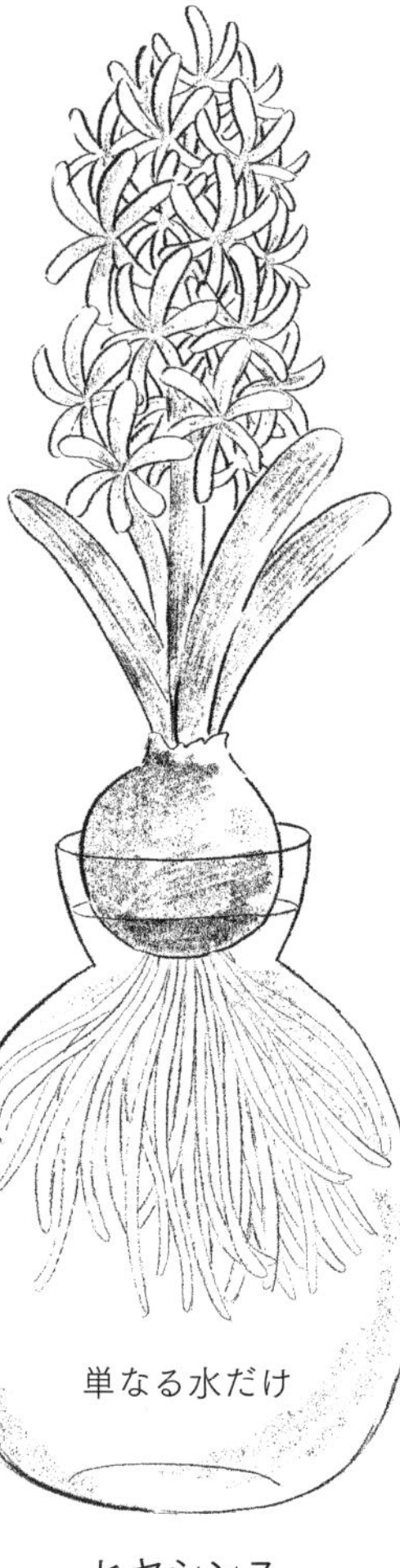

ヒヤシンス

果が偶然にも県知事賞受賞へと繋がっていったのである。たった一枚買った宝くじが一等賞だったようなものだ。

県知事賞を受賞

平成元年四十才の時、岐阜県主催で柿のコンテストが行なわれた。柿の生産量が福岡県・和歌山県・奈良県に遅れを取り四位に甘んじており、柿の本場としての地位を取りもどすためのイベントだ。この時、私はまだ柿栽培を始めて五年目であり、目の前のことに精一杯であったので、イベントなんか気にかけていられなかった。そんな時、農協から一本の電話があった。「柿コンテストに応募してほしい」「いや、そんなつもりはない」と少し押し問答があった後、農協が「こちらで書類を作るからどうしてもお願いしたい」と折れてきたので、断りきれず了解した。県知事賞だった。もらえるということなので嬉しいが、この地域全体の柿の様子はわからないし、肥料を少し変えただけなのにこんな結果が出るなんて、柿の栽培とはいったい何なのか。不思議で複雑な思いがした。後でわかるのだが、本当はそう簡単ではなかった。偶然で、しかも一時的な出来事だったのだ。ある程度、頭で理解できるまでには、長い時間がかかり、複雑な道のりが待っていた。

岐阜市の知人から、講演を頼まれた。引き受けたものの何を話したら良いのかわからない。元々、十分な知識があったわけではないし、経験もほとんどない。何を話したかあまり覚えていないが、一つだけ覚えていることがある。一生懸命考えたからだ。

「木は太くなると消費する栄養分が多くなるから実は大きくならない。従って年数の経った太い木は細い木に作り替える必要がある。主枝が三本あるとすると、まず一本を基から切って作り直す。そして、他の二本も順に作り直す。十年以上かかる」という主旨のことを言ったはずだ。間違ってはいないと思うが現実に明らかな効果が得られる程ではないかもしれない。最終的な収穫という結果にどの程度影響を及ぼすのか判断するのは難しいからだ。

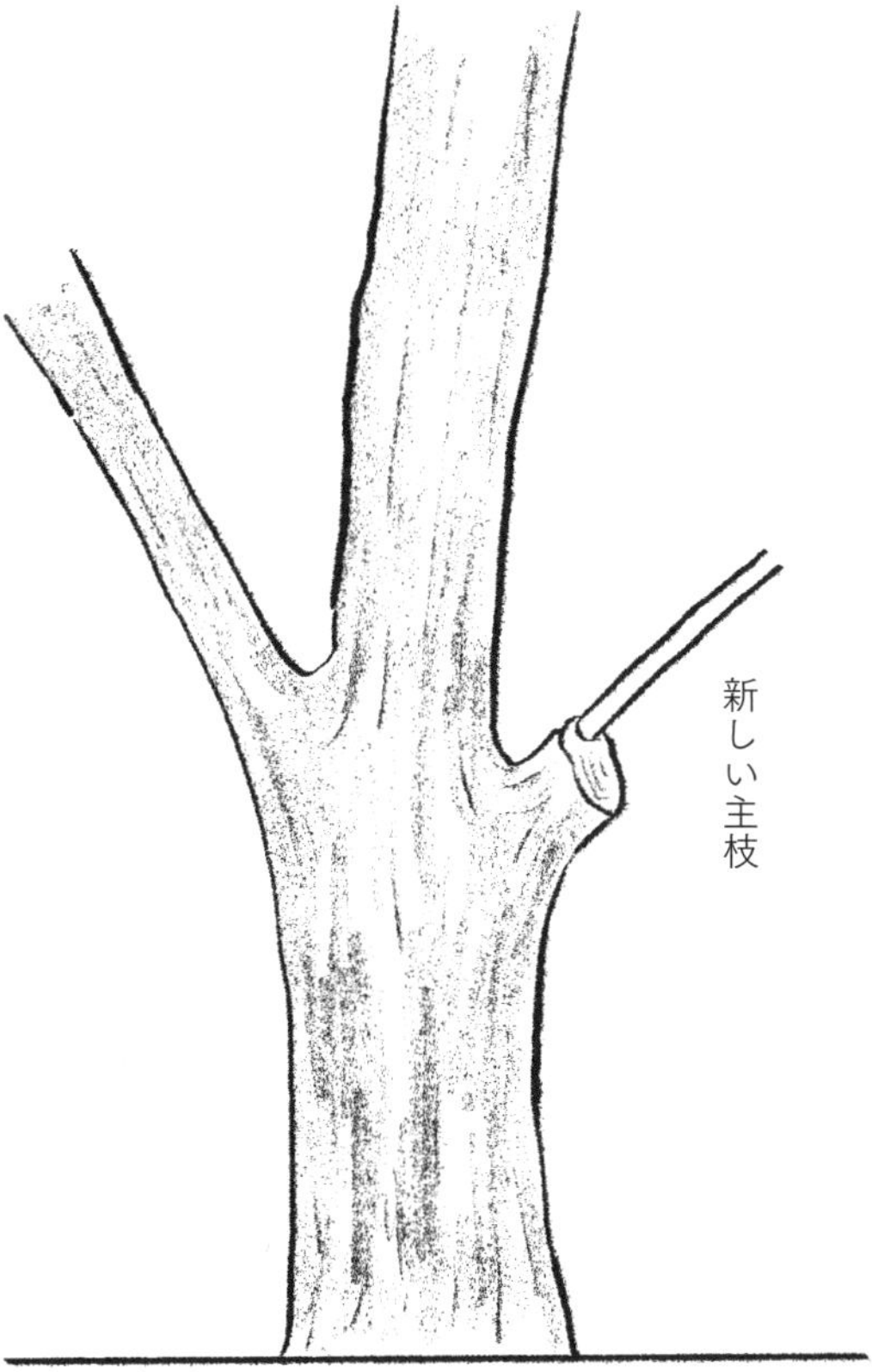

主枝を新しく作り替える

果樹栽培の本には、多くのことが書かれているが、その重み付けはわからない。それぞれの作業が最終的に収穫という結果にどの程度影響を及ぼしているかは記載されていない。わからないからだ。他の作業との兼ね合いがあるので、単独では判断できないというのが本当のところだろう。要するにやってみないとわからないということだ。ひとえに農家自身にかかっていると考えられる。そういう意味で、農家は自立心が必要で、又このことがやりがいと結びついていると常に思っている。

成果が急激に低下

県知事賞をもらったのだから、当然毎年同じ栽培方法を続けることになる。ところが、五年程経過して、普通にもどってしまっていることに気が付いた。だから肥料を変えることによって得られた成果は、十年弱しか続かなかったことになる。いったいどうなってしまったのか、取掛かりがないのでお手上げだ。本で勉強しただけで、実務と結びついていないし、いきなりうまく行ったので深く考えたことがなかったからだ。

しかし、肥料を変えて成功したその時から約四十年経った今考えてみると、成功した理由も、それが長く続かなかった理由も、無肥料栽培に挑戦してみてわかった。植物の栄養吸収には、微生物が深く係わっていることがその理由であったのだ。

県知事賞を受賞して三年程経ったある日、韓国から手紙が来た。見たことのないような美しい日本語が書かれてあった。学校の校長先生である。韓国にも、柿を栽培している所があり、招待したいとの内容であった。情報がどこからどう伝わったのかわからないが、韓国まで伝わったことは確かである。私は、その頃、体調がすこぶる悪かったので、韓国どころではなかった。それに柿栽培について、それ程知識があるわけではないので、丁寧に、そしてできるだけ美しい字で返事を書いた。

ガンの手術で一時中断

平成六年、四十五才の時、体調が悪く病院でみてもらったところ、ガンだった。さっそく手術を受け、療養のため、柿栽培から離れることとなった。一方、どういうわけか幸運なことに、父親が元気を取りもどし、バトンタッチができたのだ。父は、十年ぶりに柿に触れるので喜んでいたようだ。しかし、元来雑な父親は、カイガラムシの蔓延を許し、三~四年後には全滅し、柿の出荷ができなくなってしまったのだ。出荷先から拒否されたからだ。仕方がないので全部切って落とした。今までに経験したことのない悪夢だった。

後でわかったのだが、カイガラムシの異常な増加は、親の怠慢によるものではなく、リサージャンス（復活）といって、合成ピレスロイド剤を使ったためカイガラムシの天敵まで殺してしまったため、天敵のいなくなったカイガラムシが増加したものとわかった。

そんな中、私のガンは転移することもなく順調に回復し、五十才にして再度、柿栽培に挑戦することになったのだ。しかし、やり残した問題の解決策は思い浮かばないし、カイガラムシ対策まで加わって柿栽培を始めて最も困難な時を過ごすことになってしまったのである。

2●無肥料栽培への挑戦

無肥料栽培を始める

　私がガンの手術をした時、父親は当然のことながら、幼木を全部処分した。病人ばかりでは、面積が広過ぎるからだ。そして、順調にガンから回復した私は、再び柿栽培にもどることにしたのだが、なかなか、気分が乗ってこない。そこで、成木を二反七畝《せ》まで減らした。しかも、無肥料栽培を目標に掲げることにより、仕事量を減らしながらも、収益を減らさないような作戦を立てたのだ。

　無肥料で育てると、柿木が痩せがちになり、成らせる実の数は少なくなるが、質は向上するだろうと考えた。結果的に、柿の収益は、ある程度減少するが、農薬の回数が減ることが予想されるし、肥料代が全くかからないことから、減益にはならないだろうという作戦なのだ。

こうして、平成十六年五十五才の時、無肥料栽培を始めてみると、何も変化がないように見えるではないか。数年経って、少しヤワ果が減ったかなという程度であった。

木が痩せがちになったら、実の数を減らそうと思っていたのだが、その必要は全くなさそうだ。木は元気そのものであり、以前と十分同じくらい実をつけることができた。ヤワ果も確実に少なくなり、質も上々であった。消毒の回数は三回程減らすことができ、肥料ゼロと合わせると、大幅に必要経費を削減することができた。したがって、予想に反して、収益は上昇したのである。

無肥料を始めて三年後に、青森県のリンゴ農家の方が無肥料・無農薬栽培に成功したとして本が出版された。同じようなことを考える人がいるものだと、この報により勇気づけられ、無肥料栽培を続けることにした。ただ、残念なことに、十九年経った現在も、無農薬には至っていないのだ。途中、年二回の散布にまで減らしたことはあったが、特に害虫が、次年度に持ち越し、増加することがわかったので成功しなかったのである。

なぜ、無農薬栽培が成功しなかったのか。それは、柿木が完全には健康な状態にはならなかったものと考えている。ただ、農薬の回数を減らせたのだから、ある程度は健康を取りもどしたことになり、点数をつけると四十点ぐらいであろうか。

健康な植物では、葉で十分な栄養が生産される。そして、生きていくために必要な物質が作られ、必要な場所に送られる。例えば、植物によって異なるが、作られた栄養の二十~七十パーセントが根に送られるとされている。動物のため果実だけに送られるわけではない。送られた栄養は根から分泌され、微生物を呼び集めるのに使われる。そして、根の周辺に集まってきた微生物は、そのお礼として植物にリン酸等の栄養を補給し、いわゆる共生関係が出来上がっているのだ。人間と腸内細菌の関係と同じであると思えばよく理解できる。

果樹の栽培に関して、リーフ・ブリックスという理論がある。リーフ・ブリックスとは、葉の中の糖度のことであり葉の中に十分な糖があると、病気や昆虫に対して、十分な耐性があるという理論だ。もしこれが正しいとすれば、今回、無農薬栽培に至らなかったということは、結果から考えて柿の葉の中に十分な栄養が貯えられなかったということになる。

先日、近くの山に登っていたところ、偶然にも頂上付近でチェコとスロバキア（今はチェコとスロバキアは別々の国である）の夫婦に会った。職業を尋ねたところ、大学で植物の研究をしているとのことであった。大学では、英語で会話をしているようで、日本語がほとんど話せない。そして、私の英語力では、専門的なことは無理で、リーフ・ブリックス理論の話をすることはなかった。彼らだったら答えてくれたかどうかわからないが、少し残念な気持ちだった。

さて、ここで無肥料の意味を確認しておこう。無肥料といっても肥料がいらないということではない。既に長年肥料を投入して、十分に土の中にあるので、これ以上入れる必要がないという意味で、今後は肥料をやらないことにしたということである。

無肥料栽培を始める前から、数人の友達に柿を毎年さし上げていた。そんな友達から「最近、柿はうまいし長持ちするようになった。正月まで持つものもある。何かしたの？」と言われることがあった。特に関心ある三人からは、毎年のように言われた。そして、格外品をサンテナで二十五杯程買ってくれる人まで現れ、もう十年も続いている。しかし無肥料にしてから何年でこうなったのか正確にはわからないが、ヤワ果が少なくなったことだけは感じていた。

ところが早生富有には顕著に現れていた。一般に早生富有は、ヤワ果が発生し易く日持ちがせず、進物には向かないとされている。しかし、無肥料栽培の結果、従来とは異なる柿が出現し、持つと少し重く感じ、密度が高いことがわかる。味もほとんど富有と変わらず、進物にも十分使えるようだ。ただ、気付くのが遅かったので無肥料を始めてから何年経ってからなのか、正確にはわからない。

無肥料栽培を始めて十年程経った頃と思われるが、少し肥料をやったら、どうなるのだろうと突然思った。そこで、高度化成（12－8－10）を六月末に一反だけ二袋を投入してみた。二年間続けたが何の変化も感じなかった。もう何年も肥料を施していないのだから、少しでも施せばよく効くと思ったのだが、そう単純ではなかった。このことは、何を意味しているのだろう。化学肥料には限界があることを意味しているのではないだろうか。

日本の農業は、これまで、窒素・リン酸・カリウム・カルシウム・マグネシウムそして微量要素等の無機成分を主な肥料として考えられてきたが、今では行きづまりの感がある。したがって、従来の理化学的要素に新しく微生物的要素を加える必要性を強く感じている。

化学肥料は、シャープに効き、必要な施肥量を数値化できるのでわかり易いが、特定の病気が発生する等の問題も起きるようになったような気がしている。植物が栄養吸収する時、微生物に大きく依存していることはよく知られており、このことを基本に考え直す必要性があるようだ。微生物が土の中で頑張って有機物を分解して、植物に必要な成分を供給しているという事実をもっと掘り下げてみることだ。

そして土の中を想像してみると、化学肥料が、柿木に吸収されにくい状態で、溜っているのではないか。このまま無肥料栽培を続けても手づまりの状態になってしまいそうなので、微生物を利用して、土壌の改善を図りたいと思っている。特

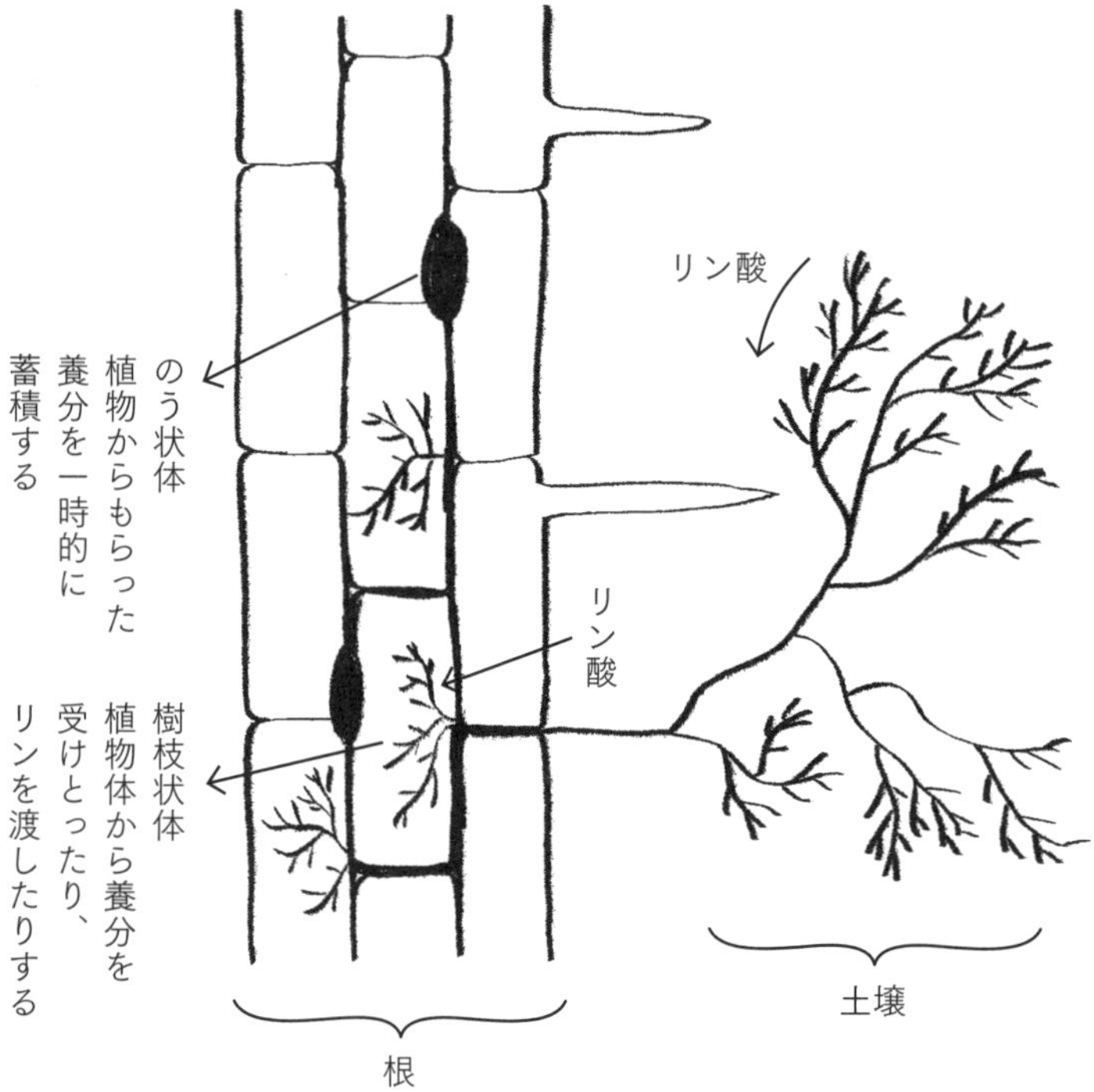
リン酸
のう状体
植物からもらった
養分を一時的に
蓄積する
リン酸
樹枝状体
植物体から養分を
受けとったり、
リンを渡したりする
根
土壌

根と菌根菌

に、リン酸は、実肥ということで柿の実の大きさに直接影響すると考えられ重要である。具体的な方法はわからないが、考え方は、次のようだと思っている。

一搬に、植物は土壌が富栄養であっても、根の発達や、根粒菌や菌根菌のような微生物との共生関係が抑制されることがある。逆に、栄養分が不足気味で、ｐＨが適正範囲にあり、ミネラルバランスが整っていればしっかり根を張ると考えられる。健全な根が発達し、根量が多くなれば根からの分泌物が増え共生微生物の活性が高まる。したがって、過剰な化学肥料によって、根の発達や菌根菌のような共生菌の活動を阻害しないように注意しなければならない。

肥料要求度の違い

実の成る木は、現在我家には約二十種類ある。一種類当り三～四品種あるものもあるため、本数にすれば四十本くらいになる。以前は興味本位に買ったので四十種類近くあったが、うまい実をつける木だけを残した結果、二十種類程に落着いたものである。植えてある土地は、約八百平方メートルの元水田で、四十年程前から約二十年間は、柿畑であった。そして、最近の二十年間は、実の成る木の畑として利用しており、その間は肥料は施していない。それなのに、外観上肥料が足りないと思われる木は一本もない。むしろ逆に肥料が多すぎて、調子の悪い木が三種類あった。山モモとキウイ、それにザクロである。

屋敷内に、昔、作業小屋が建っており、今は空地で一度も畑として使ったことのない土地がある。ここにキウイと山モモを植えたところ、キウイは順調に生長し、今は収穫できている。山モモは、最初六～七年は順調に生長し、実も収穫できたが、除々に実をつけなくなったので処分した。後になってわかったのだが、山モモの根には放線菌が共生し、根粒を作り、空気中の窒素を固定しようとしたが、在来の土壌に窒素分がある程度存在していたようで、放線菌が共生できなかったためとわかった。

なお、山モモは、高知県では多く自生しており、六月には歩道いっぱいに実を落とし歩きづらいことがある。又、余談であるが六七二年に起こった古代日本最大の内戦といわれている壬申の乱で、勝者側の大海人皇子が配ったとされるモモは、この山モモであるといわれている。そして、その後、徳川家康は関ヶ原の合戦の時、験を担いだのか、山モモを配ったとされる桃配山に最初陣を敷いている。そんな山モモは、放線菌と共生し、空気中の窒素を利用できるので、荒れた土地を耕すのに用いられる。

又、ザクロは、改めて移す場所がないので実はつけないが、そのままにしている。何か良い方法を見つけなければならない。

次に、あまり生育は良くないが、何とか実をつけるのが、ブドウ、ナシ、モモである。あまり旨いものはできないし、病気がつきやすい。二十年肥料を施していなくてもまだまだ肥料が過剰に残っているのが理由だと思っている。なお、その他の実の成る木はまずまずである。

多くの種類の果物を同じ土地で育てると皆それぞれの個性がありその違いがよくわかっておもしろい。それぞれの果物を勉強する必要はないし、難しいことを勉強する必要もない。ただ全体を眺めていれば自然にわかってくるから不思議だ。隣にある柿畑もほとんど同じ条件だから、二十種類の果物と比べることができる。それによると柿は、肥料要求度がちょうど中程度と判断できるが、決して満足できる結果が得られているわけではない。どこか違和感を感じているからだ。特に、松本柿と富有柿に違いを感じるのはその表れかもしれない。

土壌ｐＨの適合性と失敗

無肥料栽培を実践していると、既に施してしまった肥料が気になってくる。土壌中のｐＨが七付近だとわかっているが既に土の中にある苦土《くど》石灰は回収できない。何かいい方法はないかと思案していた。

そんな中、令和二年、七十一才の時に、木酢液のｐＨが二・八であることを知り、ｐＨを下げることに挑戦しようと試みた。木酢液を四倍に希釈し畑全体にジョーロで散布するという方法を採った。二年間実施したが、土壌中のｐＨは是正されなかった。それどころか落葉病が発生してしまい、見事な失敗だった。それ以前は一度も落葉病は発生したことがなかったのでショックだった。水や肥料を控え木を丈夫に育ててきたことが落葉病を遠ざけて来たという自信があったからだ。

後で知ったのだが、木酢液を土壌に散布する適正な濃度は、二百倍程度で、四倍というのは論外であった。

どういう方法で散布しようかということばかり思案して、濃度のことは全く頭になかったのだ。というより濃度は濃い方がｐＨが下がり易いという思い込みが心の中にあったのかもしれない。理由はともかく、部分的に根を傷めてしまったようで、木が弱って落葉病が発生してしまったものと思われる。

さて、その後わかったのだが露地畑のｐＨを急に下げるには、硫黄華を撒くという方法があるようだ。硫黄華とは、蒸気が冷えて固まった粉で、天然温泉の噴出口等で見られる。土質によって異なるが、粘土質では、ｐＨを一・〇下げるのに十アール当り八十キログラム必要とされている。肥料と同じぐらいの量なので可能な範囲だ。

しかし、ｐＨを上げる原因となった石灰苦土が既に十分に入っており、それを中和する形で硫黄華を入れるわけだが、果してそれで良いのか心配になってしまう。大量の化学物質がどんどん溜まっていくと、とり敢えずは安定な形であった物質が何らかの機会に不安定化し、悪役になるかもしれない。だからこの方法は、諦めることにした。

さて、土壌中のｐＨは、養分の吸収や土壌中の微生物の働きに大きく関係しており、最終的には作物が健全に育つかどうかに係わってくる重要な指標である。

例えば、ｐＨが酸性に傾くと、アルミニウムは溶け出し、リン酸と結合してしまうため、作物はリン酸を吸収しにくくなってしまう。逆に、アルカリに傾くと、マンガンやホウ素等の微量要素は溶けにくくなり欠乏し易くなる。そして、その結果、病害虫を呼ぶことになりかねない。

多くの作物は、ｐＨ六・〇～六・五の微酸性を好み、高すぎても低すぎても生育は悪くなる。作物のそれぞれの特性もあるが、ｐＨによって土壌中の肥料成分の溶け方が変わるのが原因と考えられる。

柿の適正ｐＨ値は、五・五〜六・五とされており若干低くても良いようだが、五・五より下回らないように気を付ける必要がある。土壌ｐＨが五・五以下になると、特にリン酸や窒素が溶けにくくなり生育が悪くなる。リン酸は実の大きさに直接関係するので影響が大きい。又ｐＨ五・五以下では、窒素肥料を分解する硝化菌の働きが悪く、アンモニアが硝酸に変化しないため、窒素の吸収が悪くなるといわれている。

結局、柿畑のｐＨ値は五・五〜六・五に収まるよう、時々、ｐＨ値を測定して肥料の量を調整しなければならない。

水田での柿栽培を再考する

富有柿は、岐阜県瑞穂市居倉が発祥の地とされている。完全甘柿の一種で、奈良の御所柿を起源として福島才治が他の木に接ぎ育成したものということは広く知られている。

瑞穂市北部から本巣市にかけては、根尾川沿いや糸貫川廃川跡のような保水性が悪くて水田にならない土地が多くある。それに、この地域は、山に近い扇状地であり内陸性の気候である。したがって、昔から柿・桃・梨等の果物が栽培されてきた。

四十五年程前、耕地整理が完了した。そして、その頃には、米余りの時代を迎えており、水田でも柿が栽培されるようになった。今では柿畑と水田は、うまく共存しており何の違和感もないように見える。我家では、少し早く約六十年前から有るので見慣れてしまっている。

しかし、そもそも、水田で柿を栽培することは理にかなっているのであろうか。昔、父から「柿は鈍感な木だ」と聞いたことがある。ひょっとして環境は合わないが我慢しているだけではないだろうか。水田は、粘土質の土壌で、保肥力も保水力も高い。そんな土壌に、果して柿は合うのであろうか。当時はそんなことを思っていなかったというより、何も考えていなかった。しかし、今は大変気になっている。

　山野草や庭木が、水田の土壌に合わないことは十分に経験することがあった。十四年前から屋敷内の空地で、趣味の山野草の庭を作っている。空地の真ん中に、昔から一本の銀モクセイがあって、その周りに水田の土を入れ、だんだん広げていった。数年経った頃に、ちょっとした台風の風でその銀モクセイが倒れてしまった。むき出しになった半円形の根を見ると、ほとんど根がついていなかったのだ。窒素が過剰に有り、根が腐ってしまったのだろうか。周りの山野草のことも考えて、全面的に土を入れ替えたところ、今では元気を取りもどしている。そして、この貴重な経験は一回では済まなかった。約二十種類の実の成る木を入れている土地のすぐ南隣は水田で、水田から約一メートルくらいの所に入れてあったビワの木が、四年程前に、やはり台風によって倒れてしまったのだ。地上にむき出しになった半円部分には、やはりほとんど根はなかった。倒れたのに、木は元気だったところから察すると、残った半分の根は正常のようだ。助かった根は、水田より遠く、影響を受けなかったからであろう。

これらの二つの経験は、単に山野草や庭木のみならず、根はもちろん、植物と肥料の関係を考える上で、いつも心の真ん中にある出来事である。これまでの記述の中で「肥料が多いと思われる」という表現が多くあったと思うが、この経験が基となっている。

水田の土壌は、手で触るとねっとりしている。いかにも粘土質といった感じである。粘土は、表面が負に帯電しており、植物の栄養素のほとんどが保持できるため、保肥力が非常に高い。なお、五大栄養素のうち、リン酸だけがマイナスイオンであるが、鉄やカルシウム等の金属と化合物を作り、余り移動しないとされている。柿栽培にとっては実肥といわれるリン酸の吸収は、大きな関心事である。リン酸は、柿の根が直接吸収する量は極わずかで、ほとんどは菌根菌の助けに依存している。柿の木の根が、菌根菌とうまく共生するには、周辺の環境条件が大変重要で、栄養分が不足気味である必要がある。水田土壌は、栄養満点であるから、柿の栽培には適していないことになってしまう。

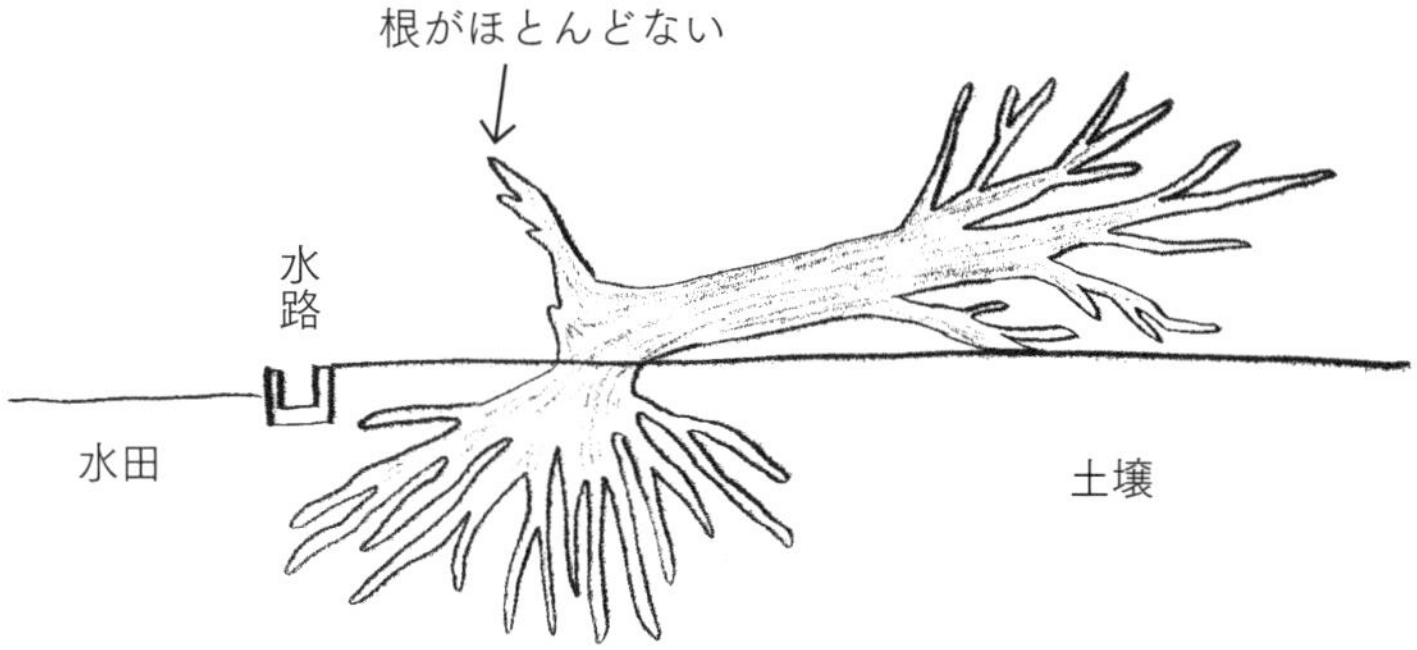

台風によって倒れた木

父親の言ったとおり、鈍感なだけなのだろうか。それとも、我慢しながらも、いろいろサインを出しているのだろうか。たとえば、病害虫が発生し易いとか、柿の実が柔らかくなり易いとかは、そのサインのような気がする。

リンゴ栽培と肥料　～リンゴ畑も疲れている～

数年前の岐阜新聞だと思うが、飛騨のある組織の理事長が、リンゴ栽培の近況について記事を寄せていた。最近は、良いリンゴがとれなくなったことを我々団塊の世代の子供達の世代になぞらえて、ロストジェネレーションと表現したのだ。栽培を始めたころは、良いリンゴを収穫できたが最近は土壌が疲弊してきたのか質の良いものがとれなくなったと嘆いていたという内容だったと記憶している。

リンゴも柿と同じように明治時代から栽培され始め、本格的に栽培されたのは、戦後になってからだと思われる。米に代わって果物が栽培され始めても、米時代の余韻がどうしても残っており、肥料を多く投入してしまうのであろうか。水田は、水を入れることにより肥料の量等がある程度リセットされるが、樹園地は、ほとんどリセットされていなくて結果的に、土壌中の肥料が過剰になってしまったようだ。

当理事長も、何かがおかしくなってきていることを敏感に感じとってロストジェネレーションと表現したものと思われる。この記事を読んで、リンゴにも柿と同じことが起きているのだと感じた。私なりに分析して、それは、土壌中の化学肥料が過剰になっている状態だと判断している。

私は、夏の二ヶ月間を除き毎朝リンゴを食べている。一日一個のリンゴは医者を遠ざけるという格言を信じて毎日食べておりもう二十年経っている。そして、毎日リンゴを食べながら、青森県や長野県のリンゴ農家の人達も同じようなことを思っているのではないだろうかと心配している。そして、あの青森県のリンゴ農家の無肥料・無農薬栽培は、広まっているのだろうかと気になってもいる。

3●リン酸の働き

リン酸をうまく効かせるのは難しい

県知事賞を受賞後、七年程で普通の柿にもどってしまったのはなぜか？「リン酸をうまく効かせるのは難しい」と昔から言われているが、正にこのことが理由であったのだ。気付くのに三十年近くかかってしまった。それではどのように難しいのか、私なりに探ってみた。

第一に、土壌のｐＨによって、リン酸の溶解度が変わるということである。土壌中のリン酸は、中性付近で溶け易く、酸性が強くなるにつれて、溶けにくくなるとされている。最近の柿畑は、ほとんどが熟畑化しており、ｐＨは中性付近になっている。したがって、リン酸の過剰吸収が危惧される。

第二に、土壌中の環境が好気性であれば、リン酸は放出されにくく、嫌気性であれば、水中に放出され易いという性質があることである。生育後期に大量の雨が降ると、土壌中が嫌気性になり、リン酸の過剰吸収が心配される。

第三は菌根菌の存在が、リン酸の吸収を助長してくれるということだ。リン酸は、特に土壌中の移動速度が遅いため、動くことのできない植物は、根に接した部分からしか吸収できない。この時菌根菌が共生していれば、土壌中のより広い範囲から菌糸を通してリン酸を吸収できる。ただし、リン酸の化学肥料を施すと、共生関係が崩れ、リン酸が吸収されにくくなる。

以上のように、三つの条件が入り混じると、植物にとって理想的な条件を整えにくく、表題のような表現になったものと思われる。

リン酸とデンプンの関係

リン酸は、柿栽培において、実の大きさや質に、シャープでしかも直接影響を及ぼすから、大変重要な栄養素である。光合成によって作られたブドウ糖は、葉の葉緑体で一時的にデンプンとして貯えられる。そして、その後デンプンは、吸収のエネルギー源として使われたり、植物体内を移動して果実や茎、根など必要な所に貯えられる。デンプンは澱粉と書き、字のとおり、沈澱する粉であり、水には溶けないので、植物体内を移動できない。そこで、大変大きな分子であるデンプンは小さく分解して、ブドウ糖などの小さな分子にする必要がある。そして、この時活躍するのがリン酸なのだ。又、リン酸は、分解だけではなく、逆の反応である合成にも使われ、その時果実等に貯えられることになる。

このように、デンプンの分解や合成に使われるリン酸だが、その量によって、分解や合成の進み具合が変わることを見逃してはならない。リン酸が多い場合は、デンプンの分解がより進み、少ない場合は、デンプンの合成がより進むということを。過剰のリン酸は、デンプンの合成を妨げるのである。

過剰のリン酸が、その貯蔵性を悪くする例は、柿の他でもよくあり、一般論のようだ。特に、家庭菜園で作るタマネギやジャガイモのような貯蔵性の作物は、過剰のリン酸を吸収しないように気をつける必要がある。

子供の頃、私の住む地域はタマネギの産地であった。今、家庭菜園で作るタマネギの三倍くらい大きかったのを覚えている。冬の間、我家の軒の下にぶら下がっているタマネギを見ると、複雑な思いがする。

ヤワ果の大量発生

令和三年度は、かつて経験したことのない程の大量のヤワ果が発生してしまった。原因は、盆過ぎの後期肥大時の長雨によるものと推察している。そもそも、リン酸は、付近の環境が嫌気状態になると水中に溶出してくる性質があるとされている。この時、長雨により土壌中の酸素が極端に少なくなり、嫌気性となったため、多量のリン酸が溶け出したものと思われる。しかも、土壌中のＰＨが中性付近であ

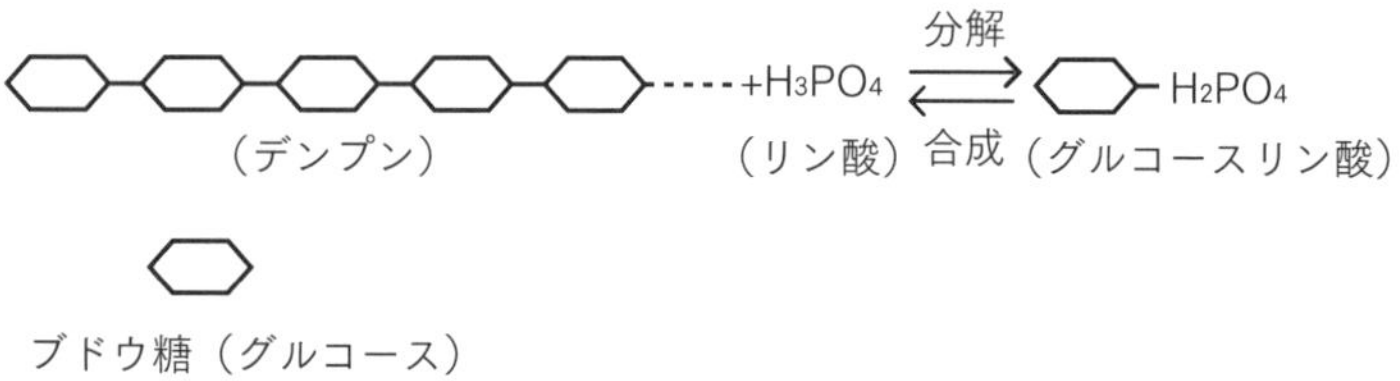

「デンプンの分解と合成」

※『施肥の基礎と応用』（社団法人農山漁村文化協会，1986，P.110）

るため多量のリン酸が過剰に吸収されたことになる。この結果、デンプンの分解が進んでしまい、ヤワ果の大量発生になったものと考えられる。

ただし、我家でも最初のうちは、多くのヤワ果があったが、すぐに平常にもどった。これは、無肥料栽培により、土壌中のリン酸濃度がある程度減少したことによるものと考えられる。ただ、最初のうち多くのヤワ果が発生したことから察すると、まだまだ多量のリン酸が土壌中に眠っているものと推察できる。

日持ちの良い柿を作る

もちろん、前項（ヤワ果の大量発生）にあるように、無肥料栽培でも可能である。しかし、天候に左右されないように、安定的に、日持ちの良い柿を生産するには、水田を利用するのが最も手っ取り早い方法である。水田は、通常石灰を肥料として使用していないので、ｐＨは五・五付近である。柿畑に転作後、ｐＨが六・〇を上回らないように、苦土石灰を散布すればよい。ただ、最初からやり直さなければならない。

新しく柿木を植える農家がほとんどない昨今、現実的ではないが、海外への輸出で後継者問題が好転すれば、最も良い方法である。

水田での柿栽培は、「水田での柿栽培を再考する」で述べたように、必ずしも適地ではないかもしれない。しかし、そもそもｐＨが五・五付近であるので、ヤワ果発生が天候に左右されることは防げると考えられる。そして、柿栽培を始めた時から、肥料の量を、適切に管理すれば、日持ちの良い柿を作ることは、十分可能である。

難病の克服をヒントに共生菌の働きを知る

平成二十七年、六十六才の時、自己免疫性溶解性貧血との診断を受け入院することになった。誤った免疫反応により自分自身の血液中の赤血球が攻撃され、貧血になるという病気である。赤血球が不足すると、息が切れ、足のむくみ、めまい等が起き、進行すると意識を失うこともあり、難病に指定されている。

早速、ステロイドホルモンによる治療が始まり、薬を飲むこと以外に何もすることのない退屈な入院生活を送ることになってしまった。

そして退院後、偶然にも免疫の改善に良いという乳酸菌に出合い試してみることにした。一年程経った七十二才の時、尿の色がきれいになっていることに気が付き、これはすごいと思った。そして、その後も順調に回復した。

しかし、七年以上もの間ステロイドを飲み続けた結果、副腎皮質からのステロイドホルモンが十分に分泌されなくなり、体の中の同ホルモンが不足し、倦怠感等の症状が発生してしまった。ステロイド離脱症候群と呼ばれる現象である。

生き物の各器官は使うためにあるのであって、外から与えられて、使う必要を感じなくなると退化してしまうということだ。考えてみれば当然のことである。しかし、このことがまさか植物の栄養吸収にも当てはまるとは思わなかった。

ほとんどの植物は、より広い範囲からリン酸を吸収するために菌根菌に助けてもらっている。菌根菌は、植物の根から分泌される栄養をもらって生きている。両者は共生関係にあるのだ。しかし、そこに外部から、水溶性のリン酸を与えると、菌根菌は働く必要がなくなり、共生システムが崩れてしまうのだ。

しかし、この共生システムは、すぐには崩れないようだ。県知事賞受賞後、柿が普通にもどるのに約七年かかったのだから。その間は、肥料として与えたリン酸が、共生システムにより広範囲から効率よく吸収されたことになる。

第二章

省力化の柿栽培を科学する

1 ● 軽作業

水やりは必要ない

柿栽培を始めてから、柿畑に一度も水を引いたことはない。入れる必要がないからだ。近くの水田で砂利を採取している所が何ヶ所もありいずれの場所も七メートル程下には水が溜っているのが見える。つまり、この辺りはどこを掘っても七メートル下には水があるのだ。そしてそのすぐ上の層は砂混じりの砂利の層となっている。その砂利を目当てで掘っているのだ。砂が十分に混じっているので、毛細管現象により七メートル下に有る水は上昇してくるはずだ。一方、柿木は主根を、二メートル、三メートルと伸ばしているはずである。したがって水を引かなくても、主根が毛細管現象で上がってくる水を十分吸っていることになる。

近所の家の屋敷内に十本程の柿木があった。今は住人がいなくなって、木も切られてしまったが長い間放置されていた。その間、もちろん水を引くことはなかったが、柿木は常に元気だった。又山裾の柿畑はおそらく散水していないと思われるが、枯れた木を目撃したことはない。

さて、私は山野草を育てるのが、第一の趣味だ。鉢ではなく、できるだけ自然に近い形で、まず背の高い木で日影を作り、さらに背の低い木も入れ、種々の程度の違う日影を作り、気難しい山野草に合わせている。

飛騨には、上高地や天生湿原などの山野草の宝庫があり何度も訪れたことがある。こんな所で花のガイドができたら良いのにと思っていた。

そこで、私は退職してすぐ飛騨の自然ガイド養成学校に通うこととしたのだ。インタープリターになると、上高地等で花のガイドができるからである。上高地での花のガイドは楽しかったのだが、大正池までの五時間はあまりに遠く、辞めることにした。さて、ある時インタープリターの実習が天生湿原で行なわれたことがあった。白川郷から東へ向かうと、高山市のやや北へ出るその途中の峠にある湿原だ。初夏になって雪が融けると、水芭蕉（白）、リュウキンカ（黄）、ムラサキヤシオ（紫）等が一斉に咲きとてもきれいな所だ。花好きの私としては最も好きな場所で何度も訪れたことがある。その天生湿原から木平湿原（千六百十メートル）を通って籾糠山（千七百四十四メートル）に登るコースがある。地理的には、白川郷の手前に東海北陸自動車道の長いトンネルがあり、そのすぐ北側になる。木平湿原は、籾糠山と小さな川によって隔てられているため、木平湿原のある山は単独峰で、湿原は平らな頂にあり、浅い池になっている。インタープリターの先生から、この頂上の池は毛細管現象によりできたもので貴重な自然の教材だとの説明があった。なお、籾糠山は名前が示すとおり山全体が籾や糠のような小さい粒々でできており、毛細管現象は起き易いようだ。その後種々の山域に登った時、城の近くにある小さな井戸が気になり、時々きれいな水質の井戸を見つけると納得したものだ。

　なお、水は与えるより求めさせる方が良い。根が遠くまで張るし、日照りが続けば、多少のストレスを与えることができ、木は強く健康に育つことができるという

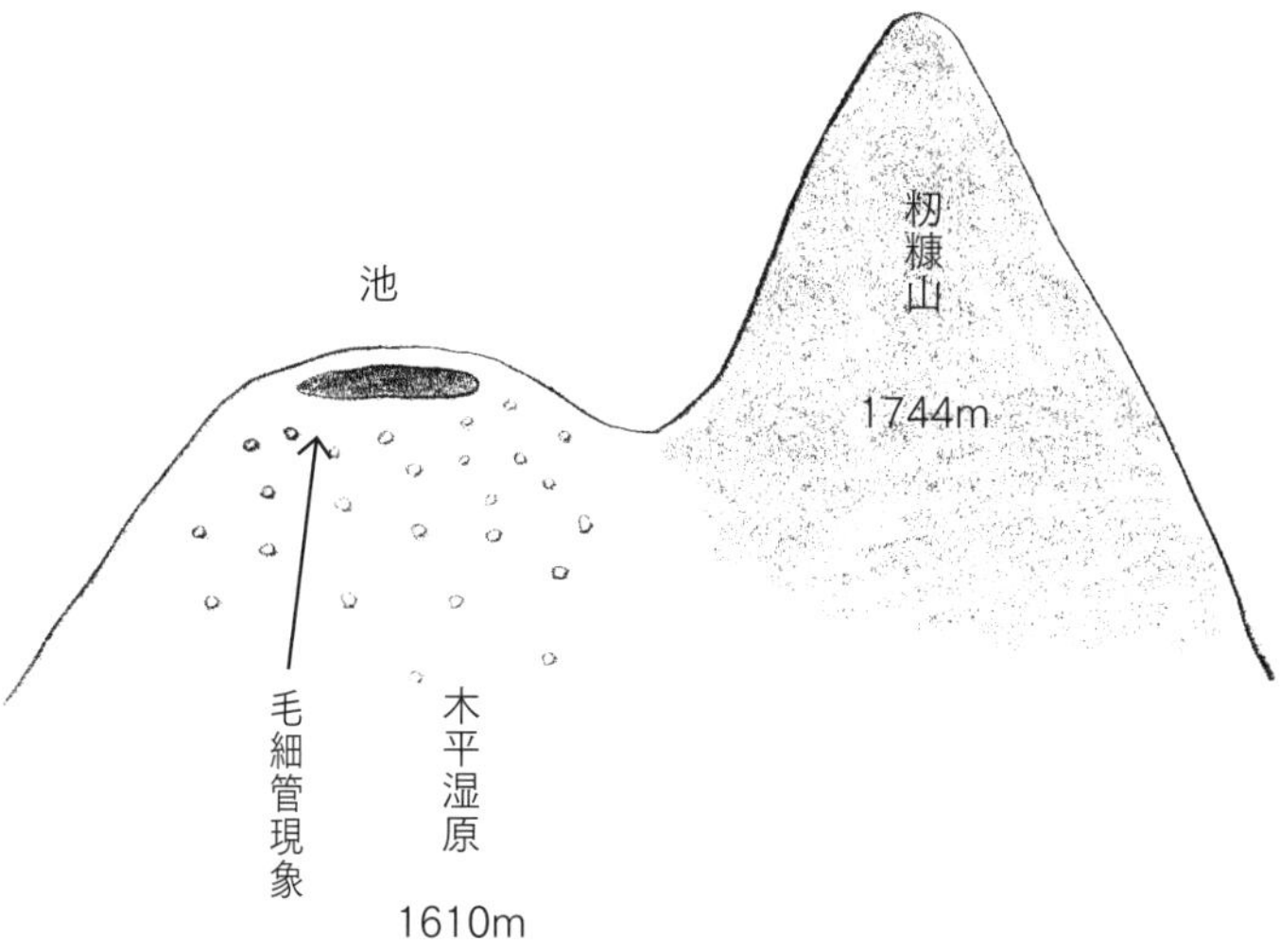

木平湿原に流れ込む水系はない

ものだ。

草刈りは年一回でいい

年一回だけ柿畑の草を刈っている。秋の彼岸の頃になると、夏草が年をとって生長を止め、刈っても再生しないのだ。夏草が冬草に変わる頃に刈るということである。七月の末から生長を始めたエノコログサ（猫じゃらし）が節から倒れ始める頃だ。エノコログサを刈ると十一月にはカラスムギが二十センチメートルくらいに生長するけれども、柿の収穫には支障はない。もちろん、冬場のせん定作業に支障をきたすこともない。その後、冬を越して摘蕾《てきらい》の時期には、カラスムギは五十センチメートルくらいに生長する。この頃、野生化したヘアリーベッチがカラスムギを覆い摘蕾の時邪魔になるのでＳＳ（消毒機）で草押さえをすることにしている。その後、ヘアリーベッチが枯れ、七月にはカラスムギが枯れると、エノコログサが生えてくる。枯れたカラスムギが柿畑の表面をピタッと覆う約一ヶ月間は我家の柿畑が一番きれいに見える時である。なお、草刈りは、自走式のハンマー式草刈機で行なっている。

また、木を伸ばしすぎると、垂れ枝が多くなり、支柱を何本も立てなければならない。支柱が多い時は草刈り機で刈りにくいので除草剤に変えることがある。そんな時は、一メートルくらいに育ったエノコログサを足で一方方向に将棋倒しに倒してから、濃い目の除草剤を散布するようにしている。見た目はピタッときれいに枯れるが、長いので歩く時、足に引っ掛かることがある。そこで、収穫までには腐って切れ易くなるように、九月上旬には仕上げるようにしている。

刈ると次の草のカラスムギが生えてくるが、除草剤散布の場合は、枯れたエノコログサが抑えとなってすぐには生えてこない。収穫の時にさしつかえなければ刈ってもいいし、除草剤を散布してもどちらでもよい。

さて、夏に草が長い方が良いか、それとも短い方が良いかという問題がある。草が極端に短いと、直接太陽光線が当たり地表面の微生物が死ぬ可能性があり、植物の栄養吸収に悪く影響しそうだ。植物でも動物でも、その栄養吸収に微生物が深く関与しているからだ。

さて、温度が三十度を超えると、呼吸作用に使われる糖分が炭酸同化作用で生産される糖分を上回り、最終的な生産量がマイナスになってしまうと考えられる。従って、草によって多少温度を下げれば、糖分の増加に寄与できるものと思われる。

逆に、都合の悪いこともある。最近、カメ虫の発生が大きな問題であり、長い草は、カメ虫の柿への食害を助長するようだ。したがって、カメ虫を退治できなければ草は刈った方が良いことになる。

やっかいな雑草はそのままでいいのか

我家の柿畑の雑草は、基本的に冬草のカラスムギと、夏草のエノコログサから

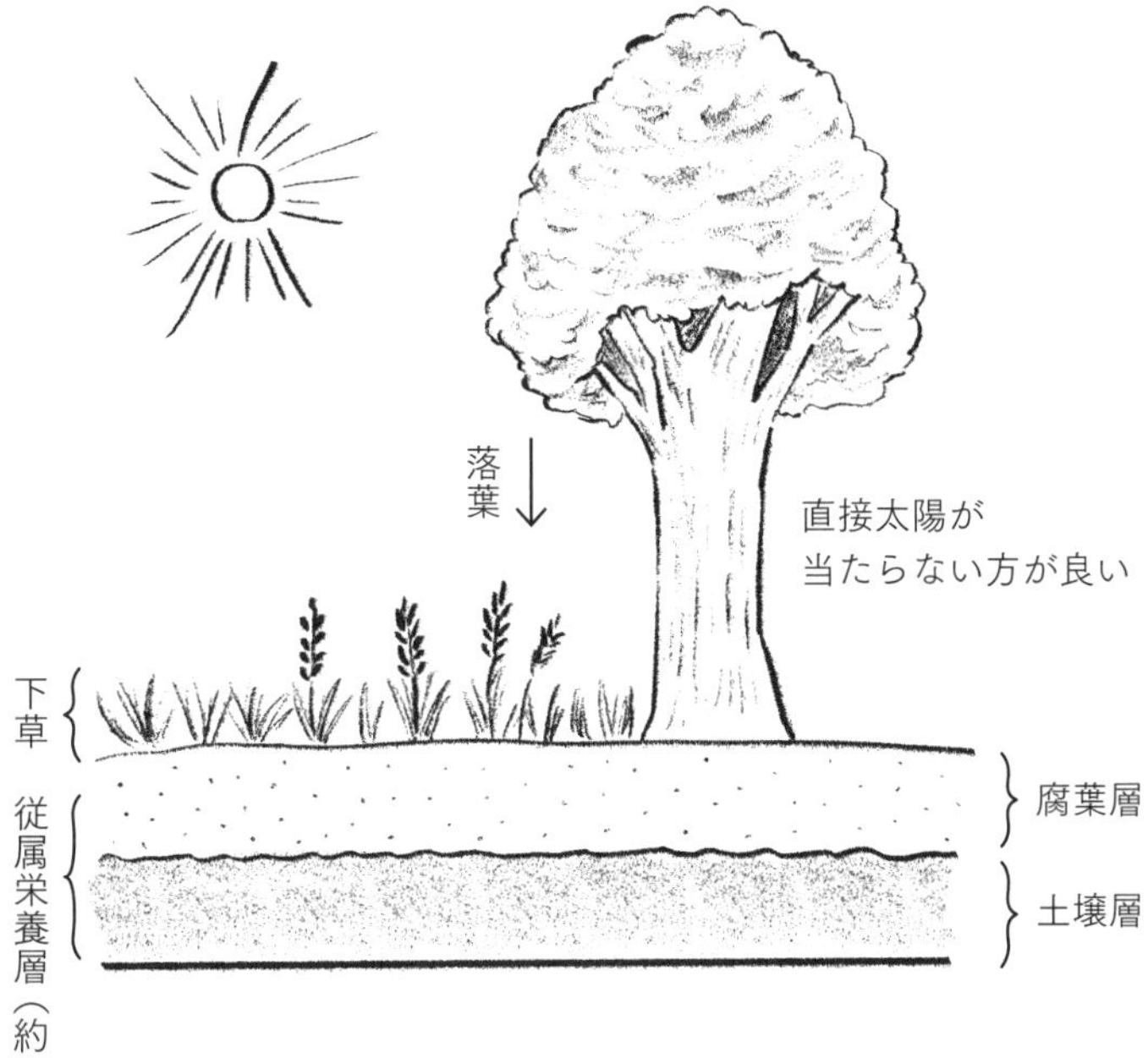

落葉に依存する従属栄養生物の大部分は
深くとも地下 15cm まで

※『田畑の微生物たち　その働きを知る』
（社団法人農山漁村文化協会，1986，P.14）

成っている。ツユクサ、オオバコ、ハコベなどの背の低い雑草も混じっている。ただ次の七つのやっかいな雑草については、見つけ次第除去するようにしている。

カガイモ　ツル性の多年草で長い地下茎がある。花はきれいでツルが強く、つまずき易い。地下茎はちぎれてもその一部分から容易に繁殖する。

ヤブガラシ　ビンボウカズラとも言い、貧乏するとはびこるそうだ。根茎が太く一度広がると駆除が困難だ。放置するとツルが柿の枝に巻きつく。

野イバラ　日本を代表する野生のバラで茎はツル性で長く伸びる。枝には鋭いトゲがある。刈りとっても根元から萌芽するので、小さいうちに処分しなければならない。

あけび　茎はツルになって他の樹木に絡みついて生長する。果実は甘く秋の味覚を代表する。ツルは古くなると木質化するのでつまずく可能性がある。

ヤブジラミ

果実の形がシラミに似ていることからこの名がある。実には、カギ状の曲がった棘があり衣類などによく付着しなかなか取れないのでやっかいだ。

ヤブマメ

葉は三小葉を持ち、ツルは細いが二メートル程と長く、つまずく可能性がある。木に巻きついて生長するのでやっかいだ。

スイバ

茎や葉を口に入れて噛むと酸っぱいことから酸い葉の意味で名付けられた。生長して茎が伸びると一メートル近くになりやっかいである。

落葉と枝の処理と「落葉病」

十二月になると、落ち葉は集められ焼却処分されている。柿の病気は、一般にカビと呼ばれる糸状菌によるものが多く、落葉病、炭疽《たんそ》病、うどん粉病等がある。発生してから除去しようとしても効果は限定的と思われ、越冬菌糸から胞子が飛散して感染しないよう、落葉は焼却処分されている。

しかし、胞子は花粉の約十分の一の大きさだから、空気中に漂うことが多く焼却処分だけでは不十分である。遠くから風に乗って飛んでくることも十分考えられるからだ。それではどうしたらよいか、人間と同じで病気にかからないように体力をつけることだ。体力をつけるといってもそう簡単ではない。水のこと、肥料のこと、せん定のこと等多くのことが関与しており総合力の結果だからだ。ただ炭疽病とうどん粉病は、窒素を減らせば解決するだろう。しかし、落葉病はもう少し複雑でリン酸との関係を疑われるが、まだよくわかっていない。

落葉も燃やしたことは一度もない。落葉に含まれる窒素、リン酸、カリウムなどの肥料は樹木の生長になくてはならないものである。これらの養分は土の中から樹木が吸い上げたもので、落葉することによってお返ししているわけなのだ。落葉は腐ることによって何回でも樹木に吸われ生命の維持に役立っている。

カビやバクテリアなどの微生物が落葉というエサを食うとその旺盛な代謝作用と物質分解作用によってエサの有機物はどんどん無機物に変わっていく。どうせ無機物になるのなら、燃やしても同じではないかと思われるが、そうはいかない。有機物をエサにする微生物は植物の栄養吸収に深く係わり、植物たちは、彼らの働きなしでは生きていけない。

結局、落葉を燃やすということは、病気を減らすには有効な方法ではあるが、完全な方法ではない。従って、植物の栄養吸収の循環という面に重点をおくべきであると思っている。

令和四年、七十三才の時、落葉病が大量に発生してしまった。柿栽培を始めて、二つ目の大きな失敗である。一つ目は、フジコナカイガラムシの大量発生で、それ以来のことだ。

土壌ｐＨを是正するために、ｐＨ二・八の木酢液を高濃度で使用したため根を痛めたのが原因のようだ。この時は、収穫に影響するような程度ではなかった。しかし、次の年、落葉病対策になると思い納豆菌等の三種類の菌を混合した微生物資材を葉面散布したところ逆に落葉菌のエサになってしまったようだ。それでも不思議なことに、柿畑の真ん中だけが被害を受け、周辺はほとんど被害を受けなかった。それは、道路に面した部分と隣の柿畑との境部分、それに松本早生の部分である。道路に面した部分は、排ガス中の炭化水素系のガスが落葉病を阻止したかもしれない。隣との境は、もちろん隣の柿畑の消毒がかかったからであろう。ただ、松本早生が無事だった理由はわからない。

隣の柿畑の消毒により落葉病が避けられたということは「消毒さえすれば落葉病にはかからない」ということを意味しているものと考えられる。つまり、落葉病にかかったと思われる落葉や枝は燃やす等の処理をする必要はないということになる。大量の落葉病が発生した結果、柿栽培を始めた当初考えていたように、落葉や枝を焼却処分することは落葉病の発生防止に必ずしも必要でないことが判明したことになる。

枝についても、落ち葉と同じように、焼却処分されるのが一般的だ。一年枝と細い二年枝は、落ち葉と同じように園内で処理している。古い枝は、なかなか腐らないので園外に持ち出し焼却する。落ち葉や若い枝は窒素分をある程度含んでいるし、地面に接するようにしているので、夏にはかなり分解している。太い枝は燃やした後、炭として回収している。炭は山野草の土壌に利用すると根が炭の穴につっ込んでいるのがよく見られ、相性が良いのがわかる。炭は大量に取れ、山野草にはそんなに必要ないので、大部分は柿畑に還元している。その効果は確認できないが、山野草と同じように良い影響があるものと信じている。

また、最近カーボンファーミング（炭素農業）といって、土の中の炭素を増やす取組みが注目されている。もちろん、大気中への炭酸ガスを抑制しようということである。炭は、炭素の塊であるから燃やせば全量が炭酸ガスになる。柿畑に還元すれば全量の炭素を回収し、土にもどしたことになる。正に、カーボンファーミングだ。

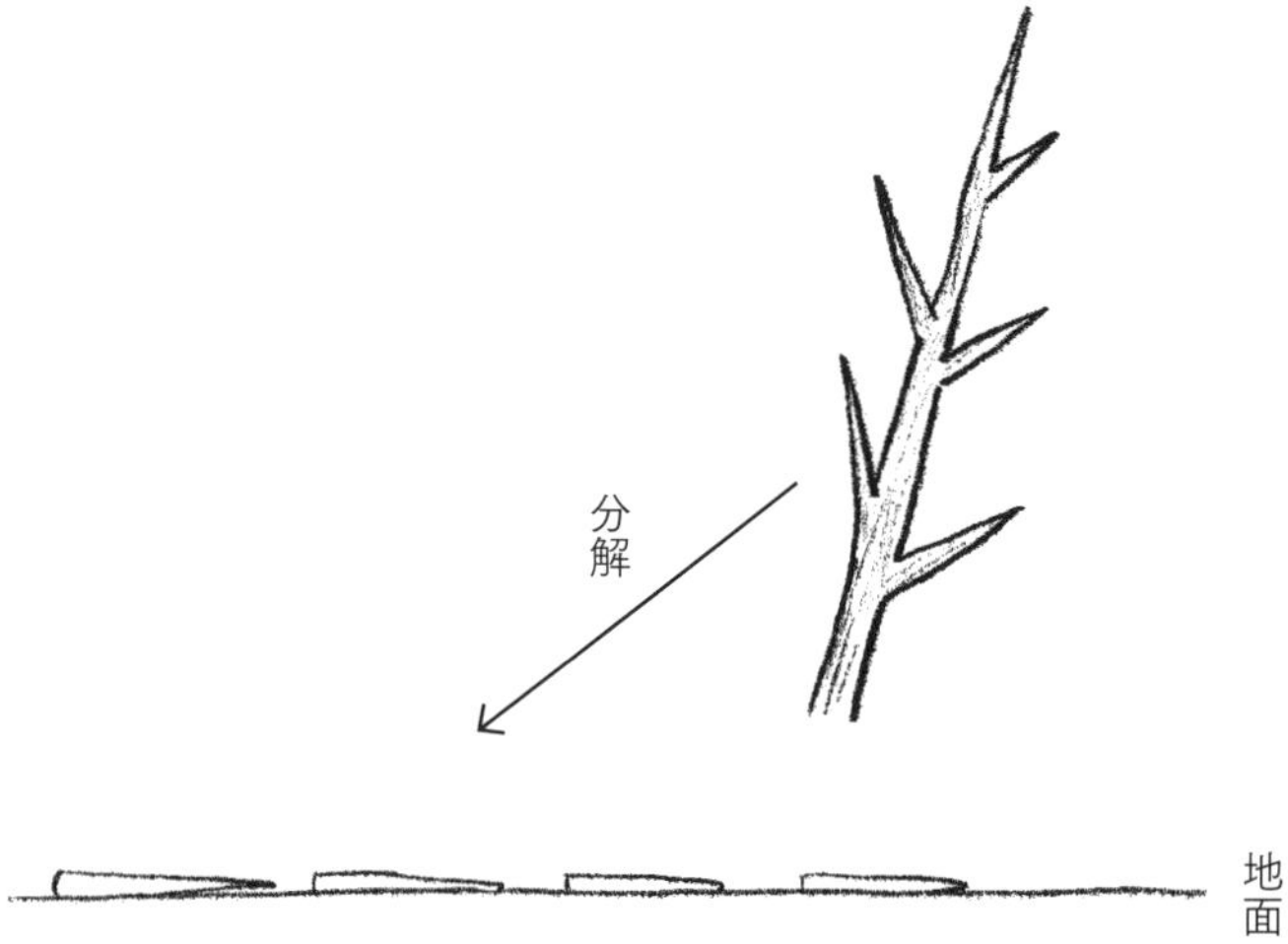

地面に接するように枝を分解する

2●整姿・せん定

柿木の樹形　～柿木は何本植えればいいのか～

一反に三十本で、一本当り三本の主枝を開心形に仕立てるのが普通である。しかし、三十年も経つと混み合ってしまう。栄養生長と生殖生長のバランスを常に考え、栄養生長が優性とならないように配慮する必要がある。三十本を全部助けようとすると、接触している所は、両方切り詰めなければならない。切ると、再生しようという力が働き、栄養生長が優先となって、実がつきにくくなり、又実が大きくならない。一方を優先的に切ったとしても残った方は、角度が大きいためそんなに長く伸ばすことはできない。とどかなくなってしまい収穫にも摘蕾にもさしつかえる。大きなジレンマというか壁に突き当たってしまう。突き当たってからは修正するのはかなり難しい。最初から一反に二十本にしておけば良かったのだが、今となってはグチにしかならない。今のように反当り三十本とすると、柿の木の樹形には三十年経った頃に一つの壁があるようだ。

それでは、反当り三十本の場合、どうやって改善するかである。反当り二十本（間隔七メートル）が理想とすると、一本につき主枝三本で、反当りの主枝は六十本である。したがって反当り三十本の場合は、主枝を二本にすればつじつまが合う。二本立ちにし、思いきり主枝を伸ばすのだ。場合によっては、一本立ちを交えると現実的に対応し易くなる。そうすれば、柿木は十分生長できたと思い込み、安心して生殖生長することができる。

混んできた時、両方を切って、その場限りのつじつま合わせをすると共倒れとなってしまい最悪の結果を招くことになる。我家では二本立ちでも主枝が多過ぎる所があり所々に一本立ちがある。現実には、そんなにうまく思った方向に主枝を伸ばすことができないからだ。本当は一本立ちと二本立ちの間のどこかに正解があるのだろう。

太陽は東から昇り西に沈む。柿の葉はヒマワリのように東から西へ向きを変えることはない。ある程度上方から見て柿の葉が重なっても全く日が当たらないことはない。だからといって、あまり重なり過ぎても困る。ちょうどいい加減のところがあって、それを最大葉面指数として表わされ、柿のように水平型の葉の場合は、約四と考えられている。

一平方メートルの地面の上空に合計四平方メートルの面積の葉があっても光合成は十分行なえるという意味である。これを実際の柿木に適用してみると、木の高さは三・二メートルという結果になった。私なりのだいたいの計算で、それ以上高くしても下の方の枝が禿げ上がるだけだということになる。

水平型の葉を持つ木は、高くなると、葉のある部分の幅が上方に移動するだけだが、針葉樹は、葉面積指数が二十くらいだから、木が高くなっても枝はかなり下の方まである。針葉樹の葉は横からでも光を受けることができるからである。

柿木の樹形を整える時、葉面積指数が約四だから、小さい枝が重なる程度なら良

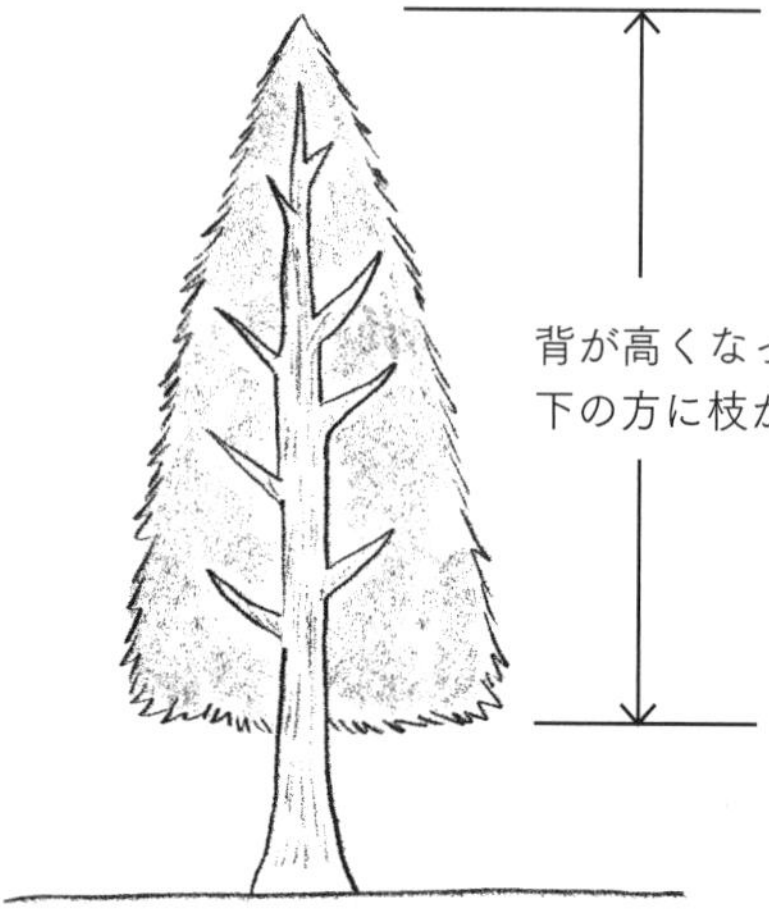

針葉の樹形

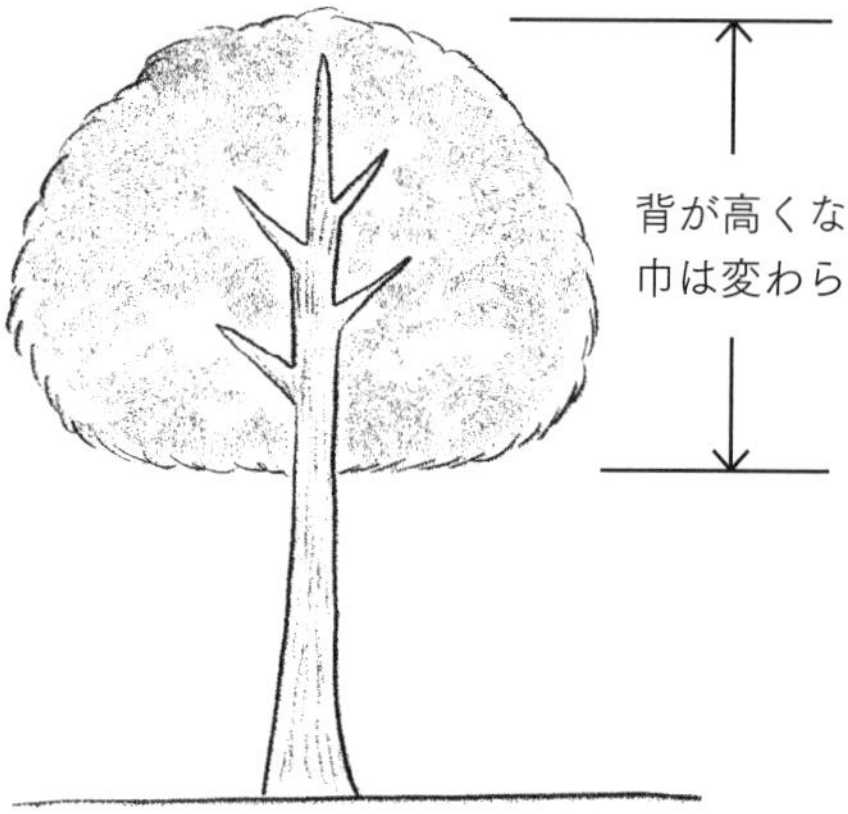

広葉樹の樹形

いが、大きな枝が重ならないように気をつける必要がある。重なって下になった葉は日光を遮られ光合成による十分な糖分が合成されない。従って根から吸収されたアミノ酸（葉で合成される場合もある）は十分消化されず残ってしまう。これは抹茶を作る時と同じ原理で、葉にちょっとばかりうまいアミノ酸が多く存在することになってしまうのだ。人間にとってうまいのだから、虫や菌が集まってくるのは当然だ。

せん定　～余分なものにしてから取り除く～

せん定を辞書で引くと、「花や実がよくつくようにしたり、木全体の形を整えたりするために、果樹、茶、クワや植木の一部を切り取ること」と書いてある。一方、英語では、プルーニングと言い、「余分なものを取り除く」となっている。この単語に限っていえば、英語の方が的を射ているようだ。

　ある時、無せん定栽培を一本の木で試したことがあった。枝が混み合って風通しが悪くなるだろうと予想したが、そうはならなかった。むしろ隙間が増えたのである。枝が多いので一本一本の枝があまり伸びないし、それに、実の数が多いので実に栄養を取られるのか枝が長く伸びないのだ。早速、柿畑全体に取り入れてみた。その結果ヘタハゼが減り、柿の大きさもまずまずであった。ただ三年もすると、垂れ枝が多くなり、支柱が多く必要となり、続けることはできなかった。しかし、せん定とは「余分なものを取り除く」であることの意味がよくわかった。もう少し発展的に考えると、「余分なものにしてから、取り除くこと」ということになろうか。

　不必要な枝を切ることは、単に垂れ下がらないようにというためだけではなく、大きい実を得るためでもある。実を成らせて養分の流れが悪くなった枝を取り除くと、残った枝の養分の流れがよくなり、果実は肥大する。

　せん定は、基本的に花芽の形成を阻害するが、残った花芽により多くの養分が供給され、その後の幼果の発育もよくなるようだ。また花の数が減って新梢生長が盛んになるから葉果比も大きくなり、果実の肥大は、一層促進されることになる。なお葉果比を高めるという点では、せん定は摘蕾に似た効果があり、両方がうまく組み合わされるとさらに大きな成果が得られる。

栄養生長と生殖生長は相反するとされているが、果実については、枝の勢いの強い方が一般に肥大が良い。したがって、大玉でしかも大きさのそろった果実を作るには弱い枝はつけないことだ。全樹にわたって大きさのそろった枝をつけることである。実際のせん定では、弱い部分は強く、強い部分は弱く切ってバランスを整えることが必要である。

なお、元々樹勢が強かったり、強せん定の結果、強樹勢になることがある。樹勢が強すぎると、葉で作られた炭水化物の多くが専ら新梢を伸ばすのに使われ、果実に十分供給されないため、生理落下が激しく、そして大玉になりにくくなる。

結局、樹勢が強すぎても、弱すぎてもよくない。だから、バランスを取ることが必要だが、施肥や土壌条件とも関係しており大変複雑で、実際の作業では経験が必要となってくる。

実の数　～木には適正な実の数がある～

一般的に柿の実一個当りに必要な葉の数は二十枚とされており葉果比として表わされる。ただ柿は頂芽優勢の木だから、上部程勢いが強く、下部程弱い。又上部程日当たりが良く下部程悪い。従って葉果比は、全部一律でなく、場合によって少し変えた方が良いかもしれない。

さて、実際の木には、樹勢の強い木や弱い木等がある。樹勢の弱い木は、葉果比を大きくして実の数を制限すれば良く、それ程難しくはない。逆に、樹勢の強い木への対応はかなり難しい。

現実には、極端に樹勢の強い木もあり、そんな場合はかなり大胆に対応しなければならない。そんな木は、その年はせん定を見送り摘蕾も控え目にしておく。そして、一般に行なわれているように生理落下が終わったら摘果をし葉果比二十より多く残す。そうすれば結果的にびっくりするような大きい実を得られるだろう。これを三年程繰り返すと樹勢が安定し普通の木の仲間入りができる。

しかし、一旦樹勢が安定しても、その後の強せん定により樹勢が強くなり過ぎることは普通に見られる。そんな場合、栄養生長が優先となり実を付けにくくなり収穫に大きく影響する。結果的に実の数は少なく、質も悪くなってしまう。

木には、各々適正な実の数があって、多過ぎないか、少な過ぎないか常に気にかけている必要がある。結局は、実の数を適正に管理することと、樹勢を適正に管理することは等しいのである。言い換えれば、実でせん定をすると言っても言い過ぎではないことになるのではないか。

3 ● 摘蕾・摘果

花芽の分化　～夏にできたつぼみが翌春に咲くしくみ～

サクラ・ウメ・モモ・柿などの春咲き樹木は、開花する前年の夏につぼみを作る。夏にできたつぼみがどうして秋に咲かずに春に咲くのだろうか。春の温度と秋の温度はほぼ同じだから、温度が原因ということはなさそうだ。

夏にできたつぼみは、秋に生長することはない。もし生長して秋に咲いてしまったら、やがてやってくる冬の寒さのため種子は作れない。コスモスなどの一年生植物は、結実するまでの期間が短かいので、秋に花を咲かせても、秋の間に種子を作り終えることができる。しかし、樹木は種子を作るのに時間がかかるから、つぼみのまま冬をやり過ごす。

夏に作られたつぼみは、秋には生長を止め固い越冬芽を作り始める。これは冬の寒さに耐えるためのものであるから、寒くなるまでに作らねばならない。そのためには、寒い冬が来ることを前もって知らねばならない。

冬の到来は、昼と夜の長さで予知している。樹木は昼が短かく夜が長くなることを知って、冬の訪れが近いと感じつぼみを眠りにつかせるのだ。

その後、眠りの状態は、冬の寒さを感じると打ち破られつぼみは、眠りから目覚める。そして春になるといっせいに生長を始め、その後の生長は、完全に暖かさに依存する。

春に咲く樹木は冬の寒さを越すために、夜の長さを感じて、つぼみを越冬芽にする。この時夜が長くなったことを感受するのは葉であり、その情報は芽に送られる。

さて、花という字は、草冠に化けると書く。草つまり葉が化けて花となるということだ。先人達は、情報の伝達に植物ホルモンが関与しているということを知らなくとも、葉と花は限りなく同一のものであるということを理解していたということになる。この洞察力には敬意を表わさなければならない。

窒素は三大栄養素の一つであり植物が育つには絶対必要なものである。なぜなら植物が生きていくには、クロロフィル、タンパク質、核酸等はどうしても必要でありこれらは窒素から作られるからだ。

植物は季節を知らせる太陽の光を巧みに利用してつぼみを作り花を咲かせている。しかし、それだけではなく突然の栄養飢餓状態に陥った時に、つぼみを作り花を咲かせるしくみを持っている。

窒素が欠乏すると、それを補うため体内にあるタンパク質が分解される。するとアミノ酸が遊離してつぼみが形成されるのだ。言い換えれば、植物は自分が生きられないと悟った時、種族の存続のため、種子の形に姿を変える過程であるということができる。つぼみを作ることは命がけなのだ。

さて、柿の花芽の分化は、一般に新梢伸長停止から一ヶ月経った七月上・中旬といわれているが、花芽の分化発育は、新梢伸長の状態や樹木の栄養状態によって

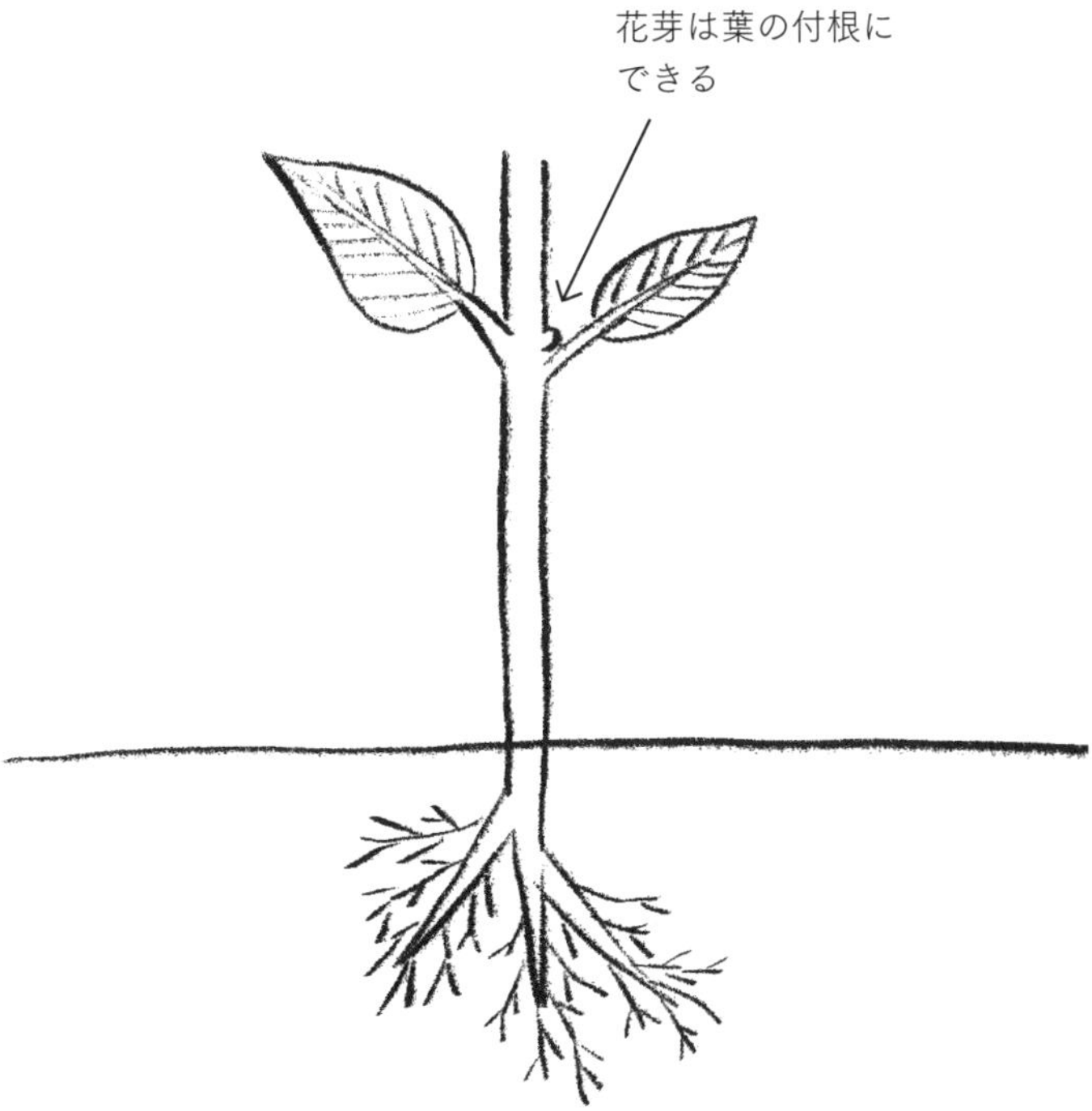

花芽の分化

も、影響されることがある。柿は他の果樹に比べ、開花後、花芽の分化までの期間が短かく摘果の時期に近い。

摘蕾では生理落下を恐れる余り、かなり余分につぼみを残し、七月中旬に改めて摘果するというやり方は、新梢をかなり消耗させ隔年結果を起こしかねない。

生理落下を減らすには

さて、ここで生理落下は、どうして起こるのか考えてみよう。花芽の分化と大いに関係があるからだ。

今、ここに摘蕾作業を実施しているとすると、その花芽は昨年の七月にでき、冬芽の状態で冬を越し、春になって膨らんだ蕾を間引いていることになる。花芽の分化から摘蕾の間は約一年間あり、その間に台風等により枝が折れてなくなったり、冬にせん定と称して切ったりして木材部分がなくなることがある。必要があってできた木材部分が欠損すると、それを蘇生しようという力が働き、栄養生長が優性となる。すると花芽の分化により予定された実を全部つける余裕はなく、実を落としてでも木材部分を蘇生しようとする。つまり、花芽が分化してから、約一年間の間に変化した新しい環境に適応するために、六月になって実を落として、栄養生長と生殖生長のバランスをとろうとするのだ。これを生理落下と呼んでいる。

摘蕾で最終的な数を決めてしまうということは、当然ながら生理落下はしないということが前題となっている。生理落下が全くないということは有り得ないが、少なくすることは可能である。それでは、生理落下を少なくするにはどうすれば良いのか。栄養生長から生殖生長へ切り替えることだ。植物は発芽してしばらくは栄養生長に専念し体を大きくする。やがて生殖生長もするようになり、子孫を残すようになる。なお、二つの生長は相反する関係にあり、片方が大きくなるともう一方は小さくなる。

人間であれば大人になると子供を作るようになるのは、ごく普通のことだ。しかし、柿木はそういうごく普通の扱いを受けていない。せん定のところで述べたように、不要になった所だけが切られるのなら良いが、実際には形に囚われる余り必要な所まで切られてしまう。木にとって必要な所は再生されなければならない。その結果、栄養生長することになってしまう。いつまで経っても大人に成りきれないのだ。年数が経っても大人に成りきれず中途半端な状態が続いてしまっている。

又、栄養生長を促進している要因に窒素の存在がある。窒素・リン酸・カリがあらかじめ配合された高度化成が広く使われており、木が大きくても小さくても同じ肥料を使っている。もちろん配合比の異なった肥料もあるが選択肢が少ない。成熟した木に窒素が過剰とならないよう配慮しなければならないと思う。肥料は、一旦施すと回収することは、ほとんど不可能といっていい。慎重でなければならない。

窒素を減らすと病害虫も減る

せん定を控え、肥料を控えるということは、単に生理落下を減らすことができることだけでなく、もっと良いことがあるようだ。例えば、病害虫が少なくなる等が考えられる。

肥料として施された窒素は、根から吸収され、葉で合成された養分と反応してアミノ酸が作られる。アミノ酸はさらなる養分と反応しタンパク質が合成され、柿木の各部分を作っている。害虫や病原菌は食べ物を求めてやってくる。うまければうまい程たくさんやってくる。窒素分が多いと、アミノ酸が過剰に生産されることになる。

さて、抹茶は、わざわざ太陽光線を遮断して作られる。葉に光が当たらないと、光合成が十分に行なわれず糖が少ししか合成されない。しかるに、窒素分は根から普通に吸収され、葉までやってくる。窒素分即ちアミノ酸が余るのである。この余ったうまい物を求めて害虫や病原菌がやってくるのだ。

柿栽培で、枝が混み合っていると、光が当たらない所ができる。そして、抹茶を作ると同じ現象が起き、病害虫の発生の原因を作ってしまうことになる。又間伐の必要性も同じ原因によるものである。

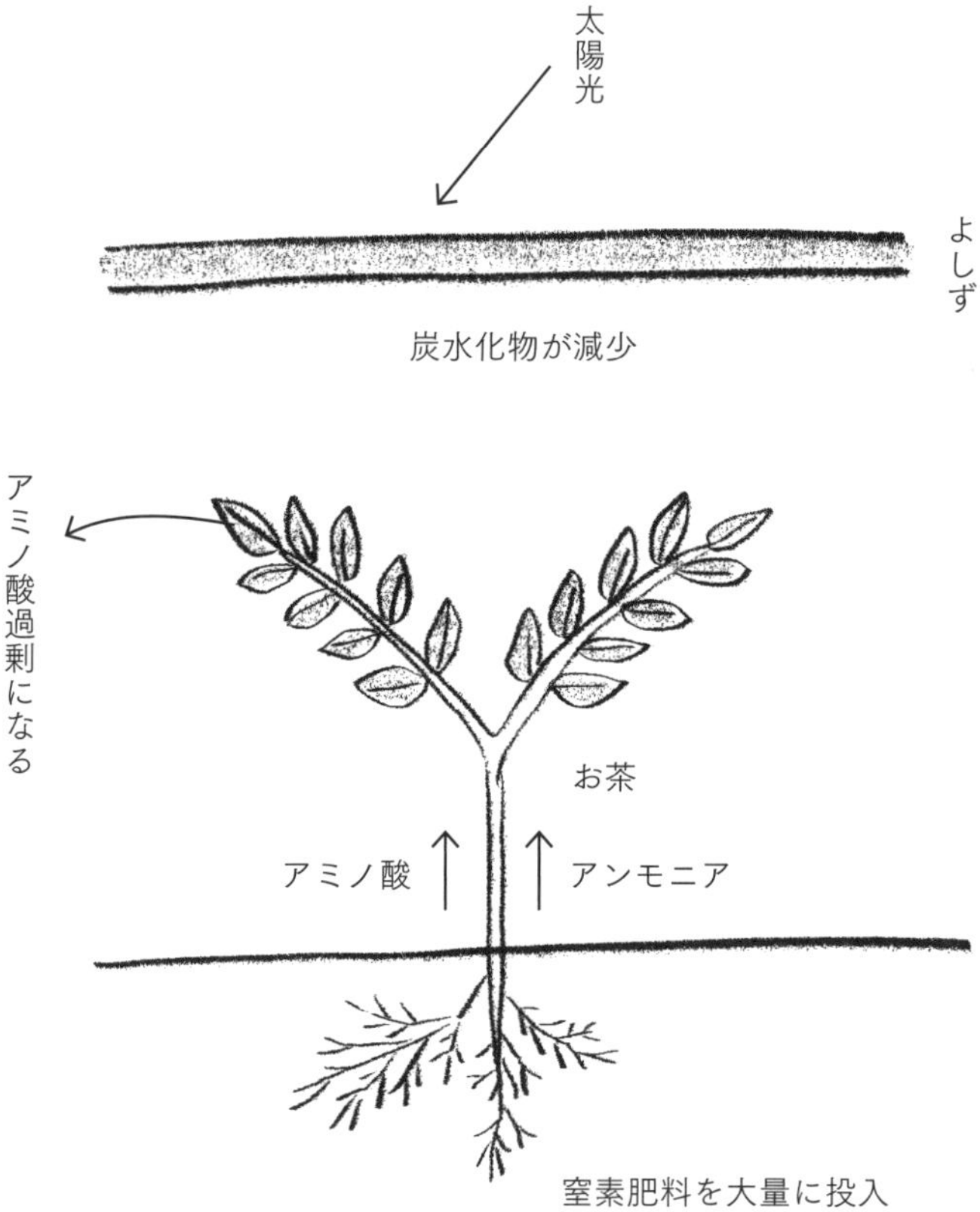

抹茶を作る

摘蕾・摘果　～摘蕾はするが、摘果はしない～

摘蕾の段階で仕上げてしまい、摘果はしないことにしている。七月になってあんなに大きくなって実を取り除くのは忍びないのだ。どう考えてももったいないし、理に適っているとも思えない。摘蕾で最終的な必要数にしてしまい余分には残さない。ただ、実際には、何回見ても見残しがあり、ボチボチやっていると六月いっぱいかかってしまうことが多い。

生理落下が起きてたくさん落ちてしまったら困るではないかとお叱りを受けそうだ。そんな時は諦める以外に方法はない。しかし四十年間柿を栽培してきて、そんな経験は一度もなかった。一般には、七月の中ごろに生理落下が止まってから摘果し、調整するという方法がとられている。

大切な細胞分裂の時期に必要数の二倍もあっては、最終的に残った柿は十分に細胞分裂しない。柿の大きさは、細胞の数と一つ一つの細胞の大きさを掛けたものによって決まる。大きい実をとるには、初期に十分に細胞分裂していなければならな

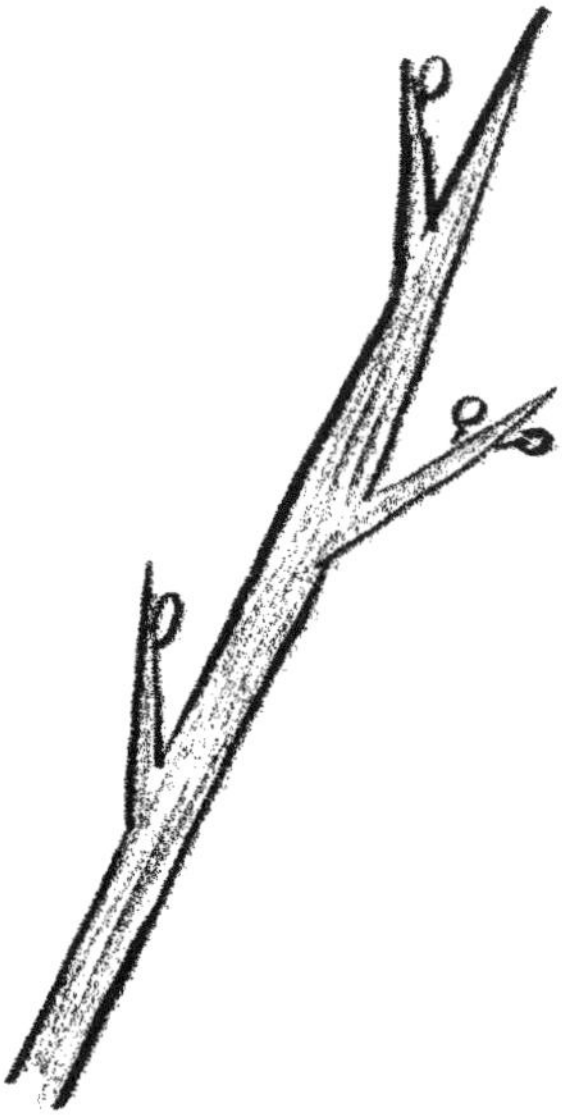

花が咲くまでは、昨年の
貯蔵養分で賄われる

い。しかも、花が咲くまでは前年の貯蔵養分で賄っており、限られた栄養は有効に使わなければならない。

4 ● 肥料

空気中の窒素は直接利用しない理由

そもそも、窒素は空気中に約七十九パーセントも存在するのに、植物はどうして気孔から吸うなどして直接利用しなかったのだろうか。植物が海から陸に上がったのは四億年前といわれている。四億年という十分な時間がありながら利用しなかったのはなぜか。考えてみれば、人間も同じのようだ。空気中の窒素は不活性ガスといってあらゆる物に反応せずその独立性を保っている。ただ、アンモニウムイオンや硝酸イオンのようにイオン化すれば、アミノ酸を経てタンパク質となり、動植物の骨格となることができる。それなのに、どうして利用しなかったのか。

直接取り入れると、取り過ぎる可能性があり、それを制御するのが難しかったのだろう。そして、もし取り過ぎると子孫を残すのに不都合が生じる可能性があったのであろう。

この地球上には、落雷や大きな隕石の衝突により電離した窒素やマメ科植物等に共生する根粒菌が固定した窒素が散在しており、多少不足気味でも植物は繁茂してきた。窒素は幾分不足気味の方が子孫を残すには都合が良いと思えば、ちょうどいい加減かもしれない。そう考えると、窒素肥料を与えることは、かなり慎重にならざるをえない。そして又、一度与えると回収することができないことを肝に銘じておく必要がある。

長年、肥料を投入し続けた柿畑を、突然無肥料栽培に切り替えて、二十年経っても、遜色なく収穫できることが、このことをよく物語っている。

樹園地のリン酸は蓄積されるのか

リーマンショックの少し前、中国がリン鉱石の値段をつり上げようとして輸出を渋り、世界中が困ったことがあった。日本では、使用状況の調査が実施され、その時の調査書が、偶然にも私のところに回ってきた。その内容は、ほとんどが工業に関するものであったが、農業に関することも少しあった。そこには、耕作地中のリン酸の経年変化の報告があった。リン酸濃度は、水田中では増加していないが、樹園地中では、着実に増加している。おそらく水田は、水を入れるので毎年リセットされるからであろう。柿畑のような樹園地では、ただ積もっていくだけのようだ。

リン酸は、開花結実を促進したり、果実の成熟や品質の向上にも役立っている。又、日本の火山灰土壌中にあるアルミニウム等根の生長を阻害する物質を固定する役割もあり、どれだけ投入しても過剰障害はないとされている。肥料として施されたリン酸は、アルミニウムの他、苦土や亜鉛、鉄等の金属と反応し、化合物を作ってしまう。こうして、多くの金属が固定されると、水に溶けにくくなり、金属の欠乏症として現れることがある。しかし、リン酸自身の障害は現れにくく、過剰障害はないという表現になったのかもしれない。

しかし、樹園地でのリン酸が、ただ積もっていくばかりとすれば、当然異常蓄積による弊害を心配しなければならない。

水溶性のリン酸は、肥料として施すと、土壌中の鉄等の金属と比較的速やかに結合し、水に溶けにくい難溶性のリン酸に変化する。そして、難溶性になると、当然リン酸の肥効は低下するし、結合した相手方の金属も、同様に難溶性となり肥効が低下することになる。

そして、リン酸が多量に供給されると、それに伴って植物体内のリン酸も増加し、増加したリン酸は、鉄等の金属と結合するから、結局それらの成分の働きを悪くすることになる。つまり、土壌中の過剰なリン酸が、各種肥料成分の吸収を妨げるのと同じように、植物体内の過剰なリン酸は、せっかく吸収された肥料成分の働きを低下させてしまうのである。

さて中国発のリン問題だが、そのすぐ後のリーマンショックにより、世界中が不況になって、リン鉱石が売れなくなったので、中国のもくろみは失敗に終わったのだ。そして、この時、ヨーロッパでは、リン不足が真剣に議論され、農地への使用量は六分の一に減らされたのだ。日本はそのままである。これは政府の無策なのか、それともあくまで火山灰土壌の固定に固執した結果なのかはわからない。しかし、考えてみれば六分の一とはなかなか良い数字に思えてくる。なお、リン鉱石の主な産地は中国の他、ロシア、モロッコということで、枯渇が心配されている。

苦土石灰の使い方は慎重に

最近は、リトマス試験紙が手に入り、土壌のｐＨが簡単に測定できるようになった。付近の柿畑のｐＨを数ヶ所測った所いずれもｐＨ七付近であった。比色法のため、きっちりした数値ではない。又田のｐＨは五・五だった。つまり、約四十年間、苦土石灰を五袋で百キログラム毎年入れた結果、ｐＨが五・五から七・〇に上昇したということになる。日本の降雨量はかなり多く、又雨のｐＨは約四・八なのに柿畑のｐＨが七・〇とは、年間百キログラムの苦土石灰量は明らかに多すぎる。

ｐＨが高いと金属類はイオン化しにくいので植物には吸収されにくい。生き物は、ミネラル不足になると、健康を害する恐れがある。理想的なｐＨは六・〇弱と思われる。特にマグネシウムはアルカリ度が高いし、付近の水分の吸収を阻外するので多用するのは避けたい。

岩手県の早池峰山や尾瀬の至仏山は蛇紋岩の山として知られている。蛇紋岩にはマグネシウムが多量に含まれ、それらの山の植物はアルカリストレスと水分ストレスに勝たなければならない。その結果、早池峰山にはハヤチネウスユキソウというエーデルワイスによく似た特異な花がある。至仏山にはオゼソウがある。他にはないその土地に特化した花となったのだ。

マグネシウムの水分ストレスを利用した薬もある。便秘薬である。水分吸収を防げるのは植物に対してだけではない。人間の腸内でも起こる。大腸にマグネシウムが多量にあると大腸が水分を吸収するのを妨げられるので大腸は水分で潤うことになって、便が柔らかくなり出易くなるということだ。なお、実際の薬には乳酸菌が加えられ腸内環境が整えられている。窒素・リン酸・カリの高度化成は、酸性肥料のためこれを中和する意味もあって多量に投入されていると思われるが、石灰と苦土は、適正量を割り出し、別々に施した方が良いと思う。

最近、どの柿畑の葉も心なしか、しおれているように見える。ひょっとしてマグネシウム過剰によるものではないかと心配している。コスカシバの食害による影響だけではないような気がしている。

ハヤチネウスユキソウ

5 ● 害虫対策

フジコナカイガラムシで柿が全滅したとき

確か、平成九年、四十八才の時だったと思う。カイガラムシによって柿が全滅してしまった。収穫の時期に柿の実を全部地面に落とすくらい惨めなことはない。どこから聞きつけたのか、柿苗の業者が落ちている実が欲しいとたくさん拾っていった。そして、お礼だといって一万円置いていってくれて少しうれしかった。

後でわかったのだが、これは英語でリサージェンス（再生・復活）といい薬剤散布後に、対象として防除した害虫が散布前より爆発的に増えてしまう現象のことである。原因は、天敵昆虫を殺してしまったため対象の虫が復活してしまったのだ。

合成ピレスロイド系の殺虫剤ではそのようなことが起こり得るようだ。

それからが大変だった。あれだけよく効いたスプラサイドが全く効かなくなってしまった。耐性ができてしまったのかもしれない。明らかにＳＳが通った真上の木にも堂々とカイガラムシが付いている。そこで物理的に取り除くことにした。ノコギリや手で潰すのだ。手間のかかる作業だが他にやり様がないから仕方がない。幸いにも我家の柿畑は二反七畝でボチボチやればできる範囲だ。と思ったのがそんなに簡単には減らない。フジコナカイガラムシは、年三回繁殖するといわれ、六月下旬から九月中旬までダラダラと繁殖するから十月に越冬場所に移動するまで常にいることになる。しかも一回につき二百から三百の卵を生む。全部生き残ったら天文学的な数字になる。そこで冬場の寝込みを襲うわけだがなかなか全部駆除するというところまではいかない。

そんな時、平成十二年頃、圧力水による皮削機が登場したのだ。これで解決するかと思ったが、そううまくはいかなかった。皮削機ではそんなに深い所までは削れないのだ。もちろん浅い所に越冬しているカイガラムシは除くことができるので、かなり助かったことはいうまでもない。基本的には手で削り、その後、補助的に皮削機を使うことにした。かなり効果を上げたが、それでも収穫量の二割くらいは毎年被害を受けた。

そこで六月から九月にかけて全部の木を数回チェックし見つけたら手でつぶすという作戦をとった。三年程繰り返したら、汚染樹が十本くらいに限定され、ずい分楽になってきた。そして最近は、年齢に合わせて本数を減らしており、汚染樹は優先的に切っているのでカイガラムシによる汚染はわずかになった。なお、汚染樹には、たいていアリが登ってくるので見つけ易い。カイガラムシが出す排泄物は、糖分が多いのでそれを求めてアリが登ってくるのである。だが、どういうわけか、汚染樹には必ずアリがいるというわけではない。

ここで参考のため、カイガラムシによるススの他、もう一つのススを紹介しよう。養老町南宮山の南に象鼻山（百二十九メートル）といって名前のとおり象の鼻のような形をした低い山がある。牧田川の左岸側から登り南宮山までのコースを登ったことがある。すぐに古墳があり、もう少し行くと関ヶ原の合戦の際、東軍に

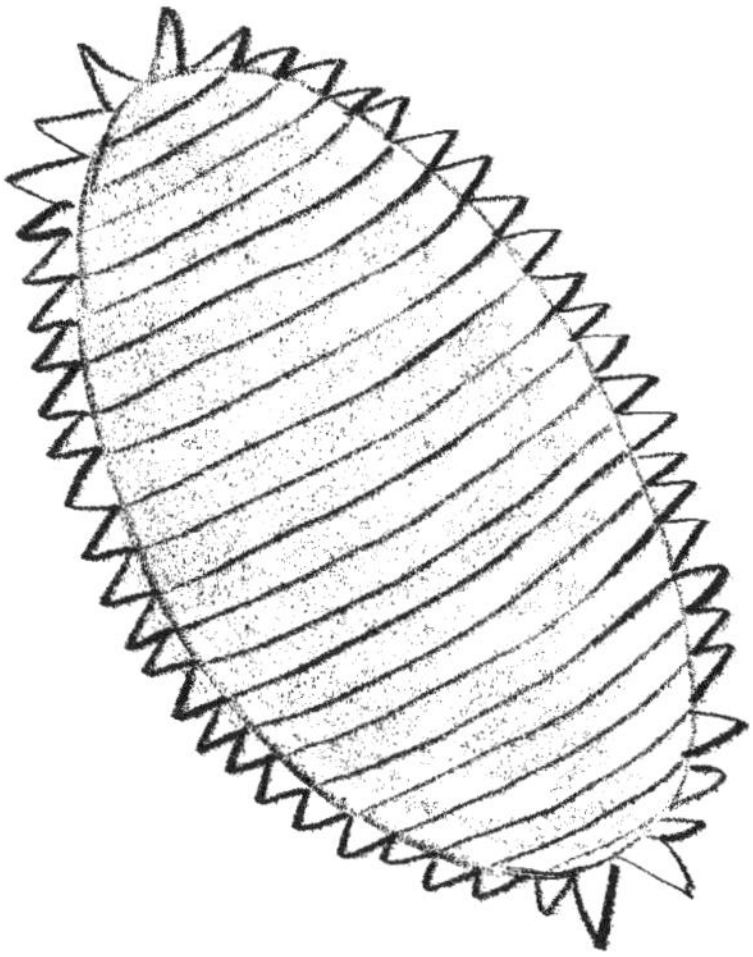

フジコナカイガラムシ
体長約 1 mm × 3.5 mm

つくつもりが意に反して西軍につくことになった長曽我部元親軍が戦に加わらず、傍観していた場所がある。そのすぐ近くに何の木か忘れたが、アブラムシがいっぱい付いていて地面がススで真っ黒になっている所があった。アブラムシもカイガラムシと同じ仲間で樹液を吸い糖分を排泄する。この糖分を求めて黒いカビがやってくるのである。山の中は通常バランスがとれており、このように、アブラムシが一方的に増えたのを見たのは初めてのことであった。山の中では、天敵とのバランスはとれているはずだから、たまたまその木が健康を害していたからかもしれない。栽培においても、健康な木を育てなさいというサインかもしれない。

コスカシバ対策で新枝を切り取る

コスカシバは樹幹害虫と呼ばれており、樹液を吸って生きている。樹液を効率よく多く吸える場所を彼らはよく知っていて、強く伸びている新梢には必ずといっていいくらいその基の部分にいる。黒く変色していたり、オガ粉のようなものが出ているのですぐわかる。発生するのは年二回で、六月と八月の中旬に柿木だけでなく、いろいろな樹についている。我家にはいろいろな樹があり彼らの絶好の住み家になっており柿畑が隣なので注意が必要だ。

対策として、七月と九月に基が黒くなっている新梢をノコギリできれいに切り取っている。又新梢以外の強い枝や主枝などにも入っていることがあるので、併せて処理している。夏の日の暇な時の仕事にちょうど良く、健康管理のため汗をかくように、一時間か二時間柿畑で過ごすことにしている。

コスカシバは朝六時頃に多く飛び交うので、屋敷内では、孫のタモで捕えては処分している。飛び方がうまくないので素手でも捕えられるがタモだとほとんど百パーセントだ。冬のせん定時には、せん定より時間をかけて手作業で木をきれいにしている。もちろん、コスカシバとフジコナカイガラムシが主な対象である。その後、二月末頃、圧力水で削って仕上げとしているが、圧力水はあくまで補助的なものと考えている。

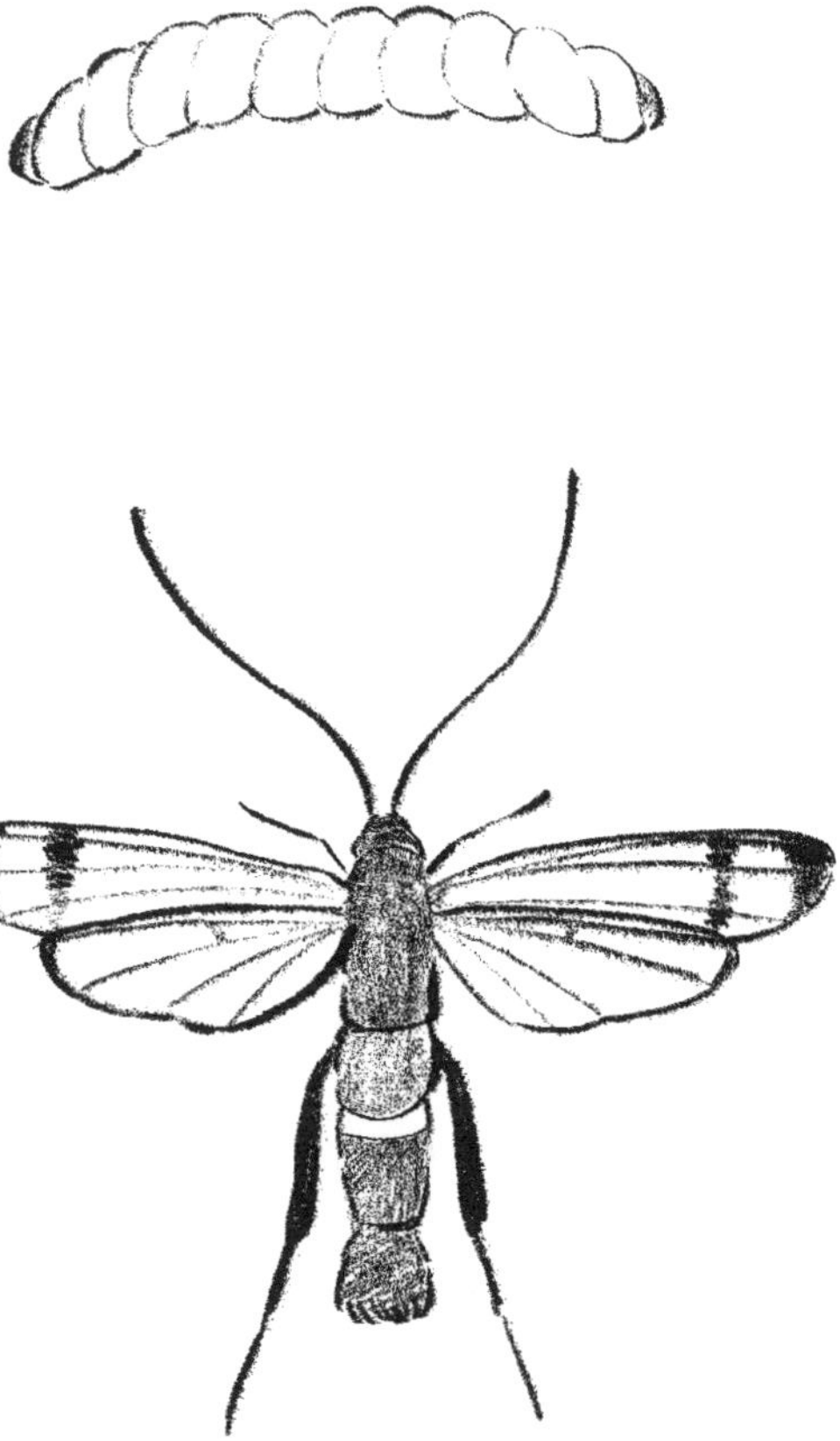

コスカシバ
上：幼虫　下：雌成虫

6 ● うすずみ果の対策

ソルビトール

うすずみ果の原因はマンガンといわれているが、その発生メカニズムについて私なりに考えてみた。うすずみ果の発生にはソルビトールという物質が深く関与していると思われるので、まず最初に、この物質について紹介しよう。

一言でいえばバラ科植物の移動糖である。炭酸同化作用により葉で作られたブドウ糖が篩管《しかん》を通って各部所へ移動する時、環元糖となって移動するということだ。移動する時だけ、なぜ別の形の糖に変わるのか正確にはわからないが、凍らないようにするための対策かもしれない。

実は、このソルビトールは、誰でも実際に見たことのある物質なのだ。リンゴの果実内に転流してきたソルビトールが寒さなどにより果糖やブドウ糖に変換されずに果実の維管束周辺に蓄積されることがある。これが、いわゆるリンゴの蜜と呼ばれる部分で、半透明に見える。なお、この時期のリンゴは完熟しておりうまいが、蜜の部分は特に甘いということはない。ソルビトール自身は、ブドウ糖などと比べると感ずる甘味は六割程度にすぎないからだ。又、子供の頃、色々なチューブに入った白い粉を固めた菓子を歯でしごいて食べた記憶がある。あれもソルビトールなのだ。ソルビトールは吸水作用や吸熱作用があるので、舌から水分や熱が奪い取られるような感覚が新鮮であったことを覚えている。

前置きが長くなってしまったがさて、柿が大量にマンガンイオンを吸収したとすれば、実の入口でソルビトールと出合うことになる。ソルビトールは環元性の物質だからマンガンイオンは金属マンガンになり、それが柿の表面に現れ、うすずみを垂らしたように見えると考えられる。うすずみ模様の多くは実の中心部分に現れ、寒くなってから多くなることから考えて、リンゴの蜜の形成によく似ている。

第三章

「柿」のルーツと栽培の将来

1 ● 柿のルーツ

柿のルーツを旅する

昭和四十六年、大学を卒業した頃、「お前も来るか中近東」という本が出版された。旧ソ連から入り、ヨーロッパを巡り、中近東を旅した体験談をおもしろおかしく書いたものである。私も、どうしても行きたくなり、会社勤めを一年で辞め、翌昭和四十七年四月、二十三才の時日本を出発した。

羽田から、ハバロフスク、モスクワと飛び、フィンランドに入り、ヒッチハイクでヨーロッパを巡って、トルコのイスタンブールから中近東に入った。テヘランまではのんびりとした鉄道旅である。途中、イランとの国境付近のエルズルム県では、十月というのに、車内が急に寒くなり外を見たら一面の雪景色であったのをよく覚えている。

テヘランに着くと快適で、町の中では素掘りの溝に水が流れ、フルーツの種類が多く、豊かな土地であることが、すぐにわかった。中でもメロンとザクロは絶品で、メロンはスーパーの袋に入れ飲み水用にいつも持ち歩いていた。この地では、水が合わず、よく下痢を起こすと聞いていたからだ。ザクロはモミモミしていると、中がジュースになり、クチナシのところからストローを突っ込んでよく飲んだものだ。

イランの大部分を占めるイラン高原は標高九百～二千メートルと高く、降水量は少なく、夏（五～十月）は大変暑いが、昼・夜の寒暖差が大きく、夜は過ごし易いようだ。

ザクロは、こんな水分が少なく苛酷な土地で、深く根を張り、時間をかけて最大限に栄養を吸収した結果、天国の果実といわれ、大変珍重されている。なお、種は、特に栄養が多く、又食べることができるため、吐き出すと叱られるそうだ。

テヘランから先は鉄道がないのでバスでアフガニスタンに入った。カブールに次ぐ第二の都であるカンダハルに着くとすぐに一人の老人が話しかけてきた。懐からハイニッカのビンのようなものを取り出し、チビチビと飲んでいる。イスラム教ではアルコールは禁止のはずだが、とても隠れてやっているようには見えない。老人によるとカンダハルとは豊かな土地という意味だそうだ。後に、タリバンの本拠地になった所である。

店のある方に行ったら、何と柿が売っていた。うれしくなって思わず買ってしまった。しかし渋くて食べられなかった。形が丸いので当然甘柿と思ったのだがそうではなかったのだ。しかし、中近東には柿があることが判明したことになる。イランでもよく探したら、発見できたかもしれない。

なお、その後は、パキスタン、インドと進んで、ニューデリーから帰国した。

イラン産のザクロ

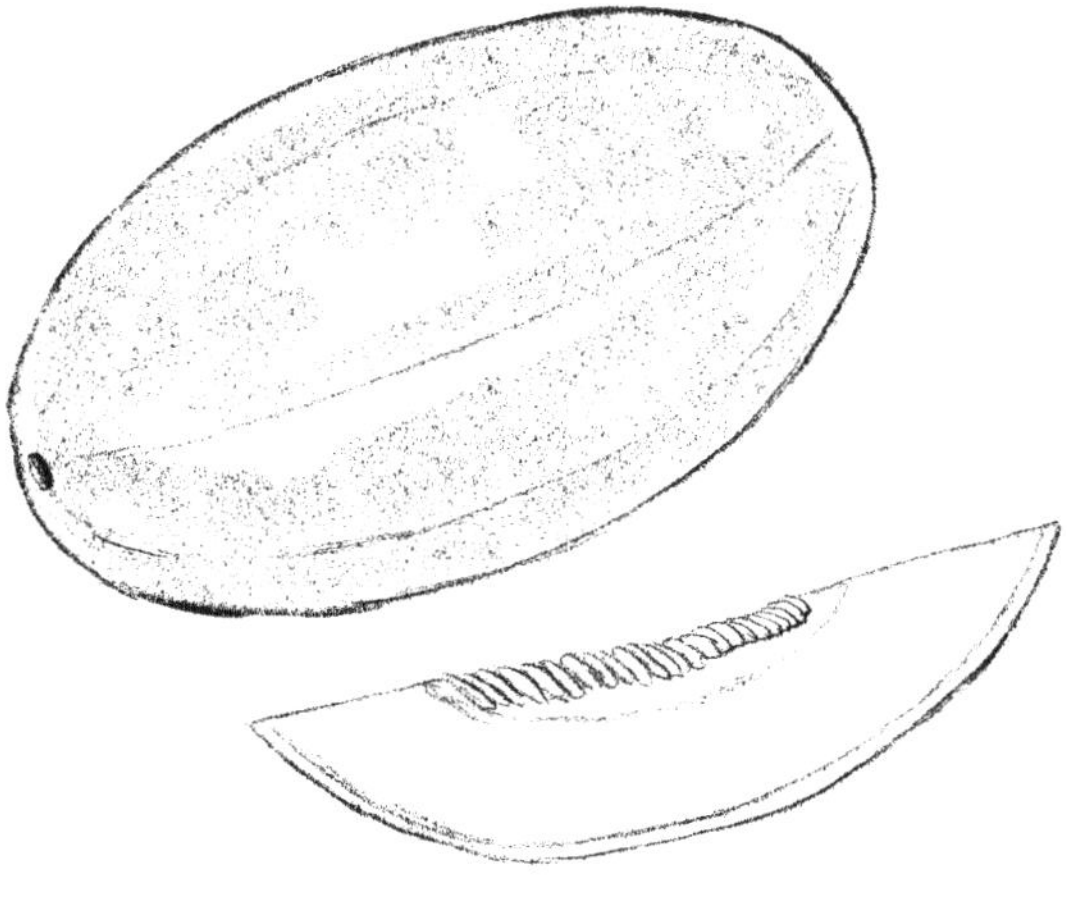

イラン産のメロン

柿のルーツはイランか

平成二十八年、六十七才の時知り合いの外国人から聞いた話である。イラン人の留学生から聞いたといって、パーシモン（柿）の語源について教えてくれた。パーシャルレモンを縮めたものということだそうだ。パーシャンはペルシアの意味で、現在のイランのことである。レモンはもちろん果物のレモンのことだ。つまり柿はイランが原産の地であって、レモンのような形をしていたものと思われる。したがって、渋柿の可能性が高い。

また、平成十六年、五十五才で無肥料栽培を開始した時、広島県二十日市のある業者から、イランのザクロの苗木を二十本程購入した。当業者は、ドーフィンというイチジクを南アメリカのある国から導入し、日本に根付かせた人で、今度はイランのザクロに目を付け、広めようとしたものである。しかし、苗木の頃に数個実を付けただけで、今日まで全く実を付けないのである。

もし、イランの学生のいうことが正しいとすれば、今ここにイランをルーツとする二つの果物が、我家に同居していることになる。柿は、長い年月の間に変異を繰り返したためか、この岐阜の地によく馴染み、よく実を付けてくれる。しかるに、ザクロは全く実を付けてくれないのだ。

やはり、植物は、少しずつストレスに打ち勝って、新たな環境に馴染んでいくものであるのだろう。富有柿は、シルクロードを千年以上かけて、日本にやって来た結果がもたらしたものかもしれない。飛行機でやって来たザクロでは所詮は無理であったようだ。

ただ、長い年月をかけて変異した柿でもルーツは懐しいものだろう。あのイラン高原の苛酷な環境に耐える能力を持っているのに、この軟弱な環境に浸っていると、病気になってしまいそうだと、言いたいかもしれない。何らかの先祖返りを望んでいても不思議ではない。

そういえば、現在、水田で栽培されているイネは元々乾燥地帯の植物である。それが水の中でも生きていけるように進化し、すっかり馴染んでしまっている。それでも、八月の盆過ぎの花の時期に中干しするのは、先祖返りの現れかもしれない。

そう思うと、柿栽培において、水やりは論外であるし、無肥料栽培も当然の策のようにも見えてくる。

2●海外への輸出で後継者問題を解決

周辺の柿畑が年々減少している。柿木を切る所はあっても新しく植える所はないので減少するばかりだ。我々団塊の世代には柿栽培を職業としてきた人はほとんどいない。定年退職後に第二の人生として親から柿畑を引継いだ人がほとんどだ。年金をもらいながらの柿栽培だから、収入が低くても成り立っている。しかし余りの収入の低さに、次の世代に引継ぐという人はほとんどいない。後継者不足の本当の理由は収入の低さであると断言してもよいようだ。仮に柿栽培だけで生計が成り立つとすれば、都会からでも後継者はやって来るだろう。柿栽培をやめた農家の柿畑をそのまま借りることができるという制度があるからだ。しかし、今のところそのような希望者は全くいないそうだ。理由は明らかであろう。

仮に反当り百万円の収入があるとすれば、後継者問題は一気に解決するであろう。そして、この時どうしても避けて通れないのは海外への輸出である。人口の減少が予想される日本国内に販路を開拓するのは極めて困難であることはいうまでもない。一ヶ月程度長持ちのする柿が安定的に生産できれば、香港や台湾等のアジア各地への船による輸出は十分可能と思われる。

数年前、確か日本のどこかの企業だったと思うが、果物を運ぶ新しいコンテナ船を開発したとのニュースを聞いたことがある。コンテナに不活性ガスである窒素ガスを流し放しにするのであるが、ボンベからではなく、空気を原料として窒素を連続的に取り出すことのできる装置を開発したとのことだ。温泉でいう掛け流しの状態なので、コンテナの中で果物から発生する熟期促進ホルモンであるエチレンが滞ることはなく、新鮮さを保つにはかなり優れた方法である。

ヨーロッパやアメリカ向けに日本のうまいリンゴやミカンを輸出するために開発されたそうだが、今ではどのように活躍しているだろうか。完全甘柿は、日本特有の柿であるし、又富有というネーミングもすばらしく輸出する条件はうまく揃っている。

そして、私の経験した無肥料栽培により、ヤワ果が減少する等柿の質が改善され、それが柿の海外への輸出に道を開くものと期待される。又最近のロシアによるウクライナへの侵攻を受け、食品をはじめあらゆる物の物価が高騰し、中でも肥料は約一・七倍に跳ね上がるとのニュースが流れているところだ。したがって、肥料を使わないとか、大幅に削減できれば大きな魅力になりそうだ。そして、これを機に肥料とは何かを真剣に考えてみてはどうだろうか。

3 ● 地球温暖化へも対応

あの山形県のサクランボが食べたくて佐藤錦を植えた人がたくさんいるのではないだろうか。私もその一人で三回挑戦したが全く成功しなかった。花はたくさん咲くがマッチ棒の軸の先に小さな実が膨らみ始めると、すぐにほとんど落下してしまう。生理落下だ。たまたま、わずかに残ったものも大きくなってから病気にかかり腐ってしまう。それでも一本の木に二十個ぐらい残るので食べるがそんなに旨くない。もちろん肥料は改めてやらないし、最も栄養が少ないと思われる場所を選んで植えたのだが。

山形と岐阜の違いによることは間違いないが、具体的な気候そのものの違いだけでなく、気候がもたらす土壌からの植物の栄養吸収のあり方が大きく変わるからであろう。

同じ佐藤錦でも、山形県ではそんなに栄養分を吸収しないが、岐阜県では多くの栄養分を吸収し、栄養生長が優勢となり生理落下しやすくなってしまう。山形県と岐阜県くらい距離が離れるとその違いがはっきりとわかってくる。

それで岐阜県で佐藤錦を栽培しようとすれば栄養分、特に窒素を減らせばよいことになる。しかし、一旦過剰に施された栄養分は簡単には抜けないようで、無肥料を何年か続けたくらいでは、対応できないのだ。そこで、鉢であれば用土を変えられるので一度実行しようと思っている。

山形県では、地球温暖化への対策としてどのようなことが行なわれているのかは大変興味あるところだ。ちょっと小耳にはさんだところによると、サクランボの産地を山形県よりももっと北の方に移すことが試みられているようだ。だが、願わくば山形県でずっと栽培するという前提で検討してもらいたいものである。

地球温暖化を極端に矮小化すれば、山形が岐阜になることと表現できる。山形と岐阜の気温の差がサクランボの栄養、特に窒素の吸収に大きな差を生じさせ、結果的にサクランボの実が収穫できるか、できないかの根本的なところまで進展してしまうのだ。

地球温暖化は除々にやってくるものなので、今からサクランボの栽培も無肥料にすれば、温暖化の影響もやり過ごすことができるかもしれない。少なくとも緩和されることにはなるだろう。

柿についても同じことがいえるはずだ。もう既に二十年間無肥料で、栽培しているが、まだ土の中の栄養は過剰だと感ずる年がある。令和三年は、九月中旬まで雨が多かったせいか、ヤワ果が異常に多く、記憶にない初めての経験である。

地球温暖化により肥料が吸収され易くなると、肥料の量を減らす必要が生じてくる。今から無肥料で栽培しておれば、その対策になっていると考えられ、地球温暖化による悪影響が緩和されそうだ。

4● これからの果樹栽培

生き物の世界では、何もしないとその向こうに真実の世界が見えてくるのではないだろうか。

先に、せん定のところで述べたように、三年間せん定をしないで栽培すると、垂れ枝が明確になってくる。これは柿の真の姿である。頂芽優性の木だから樹液は上へ上へと行くのである。したがって、垂れ下がる枝は用済みということになる。残しておいて実をつけても大きい実にはならないから切り取ることになる。

水やりについても先に述べたように、柿栽培を始めて四十年になるが一度も実施したことがない。この間、何も異常は起こらなかった。これが真の姿である。

このように、果樹栽培において、特にどうしたら良いのかわからなくなった時は、何もしないで様子を見るのが良いと考えられる。

囲碁の世界でも、同じようなことがあり、次の一手に困った時、「相手に手を渡す」という方法がある。あえて、問題となっている部分に打たないのだ。そうすれば、今まで見えていなかったものが見えてくることがある。

果樹栽培の場合、特に肥料を施さないと色々なことが見えてくる。前述したように、柿の実の質についてはある程度改善されたが無農薬までには至らなかった。二十年間肥料を施さないだけでは、土壌は元にはもどらないのだ。そして、柿にとって理想的な土壌ではないと語っているように思われる。

四十年前、柿栽培を始めた時を思い起こしてみると、不良品といえば、「ヘタハゼ」といってヘタの周辺に隙間ができて、そこから柔らかくなる果実くらいであった。今も有るが、それ以外の不良品が何倍にも増えた。それは、ひとえに化学肥料が土壌中に過剰に溜まってきているからだと考えている。特に、リン酸は過剰障害がないとされていることから、土壌中にかなり過剰に存在しているはずだ。リン酸はいろいろな物質と仲良くしているから、土壌の至る所に隠れているのだ。それが、ときどき条件が整うと頭を出して悪さをするように思える。

最後に、あの大人気のシャインマスカットの開花異常についてコメントしよう。この現象は、東北から九州まで広い地域で確認されているそうだ。私はこのニュースを聞いて、「木の切り過ぎ」か「窒素過多」により栄養生長が優先したのが原因だと直感した。

栄養生長が優先すると、柿は生理落下という方法で実を落とす。そしてブドウは開花異常という方法で実を付けない。つまり生殖生長を後回しにしてバランスを取っているのである。花芽は、前年に分化しているので蕾ができてから調整するより仕方がないのだ。

直感できなくても、何もせずつまり「木を切らず」「肥料を施さず」様子を見れば自然にわかるというものだ。

おわりに

四十年間柿栽培に携わってきて、いよいよ今年で終局を迎えることになった。足の調子が悪く、辞めることにしたのだ。ただし、二十年間温めてきた無肥料栽培の実績は捨て難く、十数本程を残し、無農薬栽培として続けることにしたのだ。

昨年、柿畑全体に落葉病が発生する中、松本早生は、ほとんど影響を受けなかった。そこで、今年この経験をいかし、無農薬栽培に改めて挑戦してみたのだ。ところが、予想に反し、落葉病の被害が昨年より大きくなってしまった。たった一年の経験では十分ではなかったようだが、それでも何とか収穫できそうなのでほっとしている。又、落葉病の他にもイラガやカメムシの被害があり、前途は多難の様だ。しかし、わずか十数本程度であり、手間をかければ可能かもしれないので、あきらめるのはもう少し先にしようと思っている。

無農薬栽培は無理かもしれないが、化学肥料をしばらく止めてみるだけで、ある程度の成果が得られることは、本書を通じてわかってもらえたのではないか。そして、その成果が、柿の海外輸出を可能にすることになれば、柿農家も経済的に自立できるというものだ。

参考文献

田中修『つぼみたちの生涯　花とキノコの不思議なしくみ』（中公新書、二〇〇〇年）
渡辺巌『田畑の微生物たち　その働きを知る』（社団法人農山漁村文化協会、一九八六年）
長谷川杢治『施肥の基礎と応用』（社団法人農山漁村文化協会、一九八二年）
菊池卓郎『せん定を科学する』（社団法人農山漁村文化協会、一九八六年）
高橋英一『作物栄養の基礎知識　養分の吸収と生長』（社団法人農山漁村文化協会、一九八二年）
朝日新聞社『週刊朝日百科・植物の世界』（一九九七年）

《著者紹介》

林喜美雄（はやし きみお）

1949年岐阜県本巣市生まれ。

岐阜大学工学部卒業

岐阜市役所勤務

無《む》肥《ひ》料《りょう》栽《さい》培《ばい》は良《い》いことばかり

2023年12月13日　第1刷発行

著　者　　林喜美雄

発行人　　久保田貴幸

発行元　　株式会社 幻冬舎メディアコンサルティング

〒151-0051　東京都渋谷区千駄ヶ谷4-9-7

電話　03-5411-6440（編集）

発売元　　株式会社 幻冬舎

〒151-0051　東京都渋谷区千駄ヶ谷4-9-7

電話　03-5411-6222（営業）

印刷・製本　中央精版印刷株式会社

装　丁　　弓田和則

検印廃止

Printed in Japan

ISBN 978-4-344-94657-6 C0061

幻冬舎メディアコンサルティングＨＰ

https://www.gentosha-mc.com/